U0050899

禪味·細道

日本東北、北陸祕境佛寺之旅

秦就 著

自序

奧之細道佛寺巡禮

二〇一一年三月，服務單位正在籌辦俳句的研討會，幾次聯絡主要講者，卻無回音。後來終於聯絡上了，他道歉說因為日本發生舉世震驚的大地震，讓他感覺時間停止在那一刻無法抽離，才會一直沒回信。

幾年後，我到京都嵯峨野的落柿舍參訪，那是松尾芭蕉多次造訪停留，並寫下《嵯峨日記》的地方。買門票後，還附贈落柿舍發行的季刊誌《落柿舍》，沒想到在刊頭竟發現了該講者的大名，我對服務人員說我認識他，但電話沒帶在身邊，不知能否代為聯絡？

當晚就聯絡上了，並盛情相約次日早上見面。他是國際知名俳句、連句詩人近藤蕉肝。蕉肝自然指芭蕉之肝，肝在日文也可解為心、精神，他要發揮芭蕉精神的志向，不言而喻。

近藤教授為宣揚俳句，奔走世界各地，清晨五點就從東京坐新幹線來到京都和我見面。說起他的名字為何會出現在落柿舍的刊物中，原來他年輕時曾有三年住在落柿舍學習俳句，此後一生都以發揚俳句為志業，故也成為落柿舍保存會評議員的身分。他不但將他研究芭蕉的著作送我，也以連句協會常任理事的身分邀請我入會，我自認對俳句、連句所知有限，不敢冒然答應。

俳句總令我想起漢詩中用來表現剎那間感受的五言絕句，既要抓住瞬間情韻，又要雋永深刻，詩短卻難作。俳句做為世界最短的定型詩，只用十七個假名以符合五七五的「韻律」，又要有季語、切字，且要餘韻無窮，創作之難恐怕更甚絕句。松尾芭蕉在該領域有「俳聖」之稱，《奧之細道》更是融合他美文與俳句的代表作。

元好問〈論詩〉中有一首說：

眼處心生句自神，暗中摸索總非真。
畫圖臨出秦川景，親到長安有幾人？

是的，只是憑空虛擬與想像無法滿足芭蕉，他親身體察風光人情，捕捉所見所聞的瞬間感動，這使得他的足跡有如李白、杜甫遍及各地，而內涵卻更像詩僧寒山之作顯得機趣橫生，他說：

李杜嘗心酒，寒山啜法粥。

故其句見之遙，聞之遠。

他的俳句就是人和人，人和自然，人和宇宙的交流記錄，他讓所到景點變得魅力四射，以今日觀點來看，芭蕉可以說大大推動了東北、北陸的觀光產業，這也就是為何在東北、北陸旅行常可看到芭蕉雕像的原因。

對忙碌的現代人而言，旅行參訪可以暫時和工作切斷連線，使身心放空，心神變得清明，是人生中的重要活動。國人赴日者眾多，在關西、關東之外，對於較不熟悉的日本東北和北陸地方，相信本書能提供不少資訊，讓希望避開人群、悠遊自然的讀者有更多不同的選擇，而佛寺多在名山勝境，如此的參訪便成了時下最夯的療癒系旅行。

由於工作關係，幾乎每年都會往返日本，受到近藤教授的鼓勵後，這幾年每到日本便刻意抽空參訪芭蕉《奧之細道》所到之地，經過《人生》雜誌多年的連載，如今終於得以集結成書。

這本書讓讀者在欣賞芭蕉所見風光和俳句的同時，也承繼了筆者禪味系列的風格，透過對寺院的介紹，期待能讓讀者在參訪的同時，可以得知各處寺院的歷史縱深。這些寺院中，有的列入世界文化遺產，如日光的輪王寺、平泉的中尊寺和毛越寺等。有的和大師有極深淵源，如道元禪師開創的曹洞宗大本山永平寺，以及相傳足跡踏遍神州的圓仁法師的入定窟山寺等，都值得親身遊歷。

除了寺院的介紹之外，和寺院所在地相關的風光景色、人物故事與活動掌故，在文中也都有所觸及，旨在提供更多元而有趣的資訊，讓讀者在參訪時，不致有入寶山卻空手而回的遺憾。

同樣海面散布著無數島嶼，列為日本三景之一的松島，與風光被比為西施的象潟兩者之間的淵源？日本著名導演高畑勳代表作之一的《兒時的點點滴滴》，所述說的紅花，最大的集散地在尾花澤，酒田是電視劇《阿信》的故里，遠野是日本民話的家鄉，伊賀是忍者的產生地……，這些看似和寺院無涉，背後隱藏了哪些和寺院相關的故事？有待讀者細細挖掘。

本書得以順利成書，也參考了至今的許多研究成果，包括鄭清茂教授的《奧之細道——芭蕉之奧羽北陸行腳》，其對芭蕉俳句的註譯精到，也使筆者從中獲益良多，在此表達作者對該書的敬意。

秋田
岩手
遠野常堅寺
蚶滿寺
酒田
中尊寺/毛越寺
羽黑山
尾花澤養泉寺
山形
宮城
山寺
瑞巖寺
福島
新潟
輪王寺
雲巖寺
栃木
群馬
太平洋
茨城
埼玉
山梨
東京
臨川寺
千葉
神奈川
東北地方
中部地方
關東地方
關西地方
中國地方
四國地方
日光路
奥州路
出羽路
北陸路

奧之細道路線圖

日本海
石川
高岡
富山
妙立寺/願念寺
全昌寺
小松那谷寺
醫王寺
天龍寺
永平寺
長野
岐阜
福井
本隆寺
氣比神宮
大垣全昌寺/圓通寺
鳥取
京都
兵庫
滋賀
義仲寺
愛知
靜岡
廣島
岡山
伊賀上野
松尾芭蕉故鄉
大阪
奈良
三重
香川

目次

Chapter 4

出羽路

Chapter 5

北陸路

Chapter

伊賀與膳所

臨川寺

Chapter

1

江戶

臨川寺

隅田川畔寺與庵

有著現代建築外觀的臨川寺，
是俳聖松尾芭蕉當年拜訪佛頂禪師論禪之地，
如同蘇東坡和佛印禪師的往來傳為佳話，
芭蕉的俳風也受到佛頂禪師很大的啟發，
《奧之細道》是其代表作之一。

http://www.rinsen-ji.jp/
add. 東京都江東區清澄3-4-6
tel. 03-3641-1968

芭蕉的俳句特色是以自然為對象，重視接觸自然景象而起的感動，從而寫出風雅之情。
此為清澄庭園一景。（秦就攝）

現在的東京江東區西側，有靈巖寺、本誓寺、淨心寺、臨川寺等寺院錯落其間，其中的臨川寺外觀卻不像傳統寺院，原來此寺在一九二三年關東大地震時燒毀，重建時因城市發展，導致腹地縮小，外觀改成了現代建築的寺院。

臨川寺屬臨濟宗妙心寺派，山號瑞甕山。一六五三年，鹿島根本寺冷山和尚前往江戶，便在深川結一草庵「臨川庵」做為住處。佛頂禪師（一六四一～一七一五年）是冷山和尚的傑出弟子，一六四二年生於常陸國鹿島郡（現茨城縣鹿島郡），八歲即從和尚入禪門；一六五五年，十四歲，為求會諸國名僧、善知識而行腳各地。

一六七四年，佛頂禪師繼冷山和尚任根本寺第二十一世住持。當時幕府將軍獻給根本寺的寺領，有五十石被鹿島神宮所奪，於是佛頂禪師在成為住持之際，向寺社奉行對此事提出訴願。一六八二年，佛頂禪師四十一歲時，根本寺勝訴，神宮將寺領返還，禪師將住持位傳他人，但仍留在該寺。

一六八〇年，佛頂禪師曾來到江戶，落腳處即一六五三年冷山和尚在深川的臨川庵，此庵也成為當時松尾芭蕉（一六四四～一六九四年）朝暮來往參禪的道場，持續了一年半左右。一六八七年，芭蕉久未能見到佛頂禪師，於是和弟子曾良、宗波一起前往鹿島，和禪師一起賞月，並寫下〈鹿島紀行〉記述此事，與佛頂禪師均各自留下俳

今之臨川寺全景。（秦就攝）

句。如同蘇東坡和佛印禪師的往來傳為佳話，芭蕉的俳風也受到佛頂禪師很大的啟發。

一六九五年，佛頂禪師向幕府提出將臨川庵改成寺，十八年後終於獲得幕府同意，成為臨川寺，屬臨濟宗妙心寺派。寺中現保存了玄武佛碑、梅花佛碑、墨直碑、芭蕉由緒碑等石碑，均和芭蕉或其門人事跡有關，可見此寺和芭蕉淵源之深。

松尾芭蕉俳句中的禪意

松尾芭蕉被稱為俳聖，是因他在大和民族浪漫的「物哀」（哀れ）、幽玄的「空寂」（侘び）的基礎上，又確立了風雅的「閒寂」（寂）風格。

物哀指對人、對世相、對人性的詠嘆，以及對自然物的感動，尤其是季節帶來的無常感；空寂有幽閒、孤寂等意義，在表現上需朦朧並有餘情；而閒寂則有恬靜、寂寥、古雅等意。

空寂、閒寂是一種以接受短暫和不完美為核心的日式美學，侘寂之美有時被描述為「不完美的、無常的、不完整的」，可說是從佛教三法印所派生出的概念。

芭蕉的「閒寂」特色，是不再以人為主要對象，而是以自然為對象，比起「空寂」，更重視接觸自然景象而起的感動，從而寫出風雅之情。這也就是為何芭蕉常將自己寄身在旅途之中，通過對大自然的觀照，感覺四季的流轉，進而感受到諸行無常。

不但如此，芭蕉又竭力擺脫物質的誘惑，在俳諧中注入「不易流行」的哲思——不易，指不為新古所左右，立足於「誠」之上，以把握打動人心的力量；流行則是在追求「誠」時，不斷地自我轉變，以及與之相應的作風轉變。

以芭蕉於一六八五年所寫的〈古池〉為例：

閒寂古池畔
青蛙躍入水蕩漾
聲響輕如幻 ❶

表面上，此句是古池、青蛙入水、水聲的物象羅列，但如果從芭蕉的俳眼來解讀，古池周遭一片幽寂，水面無波，憑添一種靜寂的氣息，卻因青蛙跳進池中，發出噗通響聲而打破這靜謐世界。水聲過後，古池再次恢復寧靜，但那瞬間卻是動與靜的完美結合：表面無窮無盡的靜寂，內部卻蘊含著大自然的生命律動與奧妙，以及作者內心的情感，使得此詩含藏著順隨造化、回歸造化的哲思而餘韻裊裊。

芭蕉吟詠自然，大抵均是如此，先是觀察自然物表面的形，繼而契入自然物的心，最終將自我感情移入而寫就，因此他的俳諧能直接把握對象物生命的律動，感受自然萬物內部生命的巨大張力，從而得以將自然與自我，在更高層次上一體化，令人獲得精神上的愉悅，感染他藝術領域上的風雅之寂。芭蕉以「閒寂」的精神為基礎，將自然、藝術、生活融合為一，從而創造了俳諧的新風，也使日本的俳諧自此進入黃金時代❷。

臨川寺旁的東京都指定名勝清澄庭園是典型的日式庭園，引隅田川的河水注入，而成回遊式築山林泉庭園，園中即有此〈古池〉句碑。

芭蕉的代表作《奧之細道》

《奧之細道》是松尾芭蕉的代表作之一。書中提到：「日月者百代之過客，來往之年亦旅人也。」

有人的生涯在船上度過，有的執馬鞭迎接老年。歌僧西行上人（一一一八～一一九〇年）、連歌師宗祇（一四二一～一五〇二年）等，皆死於羈旅，前者於河內國弘川寺往生，後者於箱根湯本早雲寺寂滅，芭蕉願效法他們死於羈旅，但多次長途奔波，已傷了他的健康，在《奧之細道》之旅出發前，芭蕉還特別艾灸三里穴。

事實上，一六八七年芭蕉才遊歷尾張、三河、大和、紀伊、攝津、播磨等國，於次年返回芭蕉庵，其間曾浪跡鳴海、伊良古崎、和歌浦、須磨、明石等海濱。他「以無庵為庵，以無住為住」的心態旅行，以致往往回到芭蕉庵，屋內早布滿蜘蛛老網，於是他在《奧之細道》之旅出發前，便把居處讓與他人，時值女兒節，乃寫下俳句：

草庵已換主
何事歡樂滿牖戶
見偶停腳步 ❸

捨家只為遠遊，決心與毅力令人感佩，遷出芭蕉庵後，他移居芭蕉門人杉山杉風的別墅，宅名採茶庵❹，故採茶庵成為《奧之細道》之旅的出發地。採茶庵正確地點不明，只知位於仙台堀川海邊橋附近，今在海邊橋綠地設一有著木板窗的牆，緣廊立一芭蕉銅坐像，手拄著杖，一副準備遠行的樣子。

一六八九年，芭蕉和弟子河合曾良（一六四九～一七一〇年）從江戶出發，遊歷東北、北陸至大垣（岐阜縣），後將所見所聞，及沿途有感而發所撰寫的俳句，集結成書即《奧之細道》，並於一七〇二年印行。至今該書多次被改編成紀錄片，多數日本中學生的教科書也都會選入，可以說是日本人人必讀的文學作品。

芭蕉庵舊跡已成為芭蕉稻荷神社，以紀念一代俳聖松尾芭蕉。（秦就攝）

臨川寺附近的芭蕉遺跡

一六七二年，芭蕉來到江戶，這年他二十九歲。

芭蕉初到江戶，住在神田川沿岸，神田川從前稱為神田上水，當時是江戶最大的飲用水供給源頭。他寄身日本橋本船町名主（村長）家，在他幫忙下，好幾年都在神田上水兼差，擔任工作量不大的記帳工作。這一方面是因為俳諧無法維生，同時也是不想讓當局認為他無業而盯上他。

一六七六年，芭蕉已是公認的俳句大師，出版文學作品並擔任詩歌比賽的裁判，一批追隨他的弟子，在一六八〇年為他建了第一間芭蕉庵，不料在一六八二年冬，芭蕉庵焚毀；一六八三年冬，弟子為他建了第二間芭蕉庵。此庵位於何處，有很長一段時間無法推定。一九一七年因颱風發生「大正六年高潮災害」，受災地區範圍極廣，災後卻發現了傳說是芭蕉所喜愛的石蛙，於是認定發現處是芭蕉庵跡（都指定舊跡），當地人乃原地建芭蕉稻荷神社，並立有芭蕉庵跡的碑及芭蕉句碑。

他在芭蕉庵寫下許多流傳至今、膾炙人口的俳句，在此舉二例：

明月升天時
光華清照柴門處
潮頭正湧指[5]

此句道出芭蕉庵附近當時還是個長滿茅草的濕地，出門不遠處即可見到潮頭湧來。

花開如雲嬌
何處傳來鐘聲杳
上野或淺草[6]

此句則寫出在沒有高樓大廈、各種噪音的年代，從芭蕉庵便可眺望上野、淺草一帶的櫻花，甚至連鐘聲都聽得到。

隨著芭蕉庵地點的發現，附近漸漸重建出一些芭蕉相關的景點。因芭蕉庵跡一帶占地狹隘，於是另在可望見新大橋和清洲橋的隅田川旁建芭蕉紀念館，一九八一年開館；二〇〇二年舉辦的國際筆會活動，並認定此館是東京都內唯一的「二十一世紀・芭蕉之道」，館內展示當年發現的「石蛙」，以及芭蕉相關的展品。

從芭蕉紀念館後門出，沿隅田川堤防岸步行約二〇〇公尺，即紀念館分館「芭蕉庵史跡展望庭園」，園內有芭蕉事跡的看板及坐像，每天下午五點芭蕉像會向清洲橋方向旋轉四十五度，並打上燈光。

看著庭園裡望向河邊的芭蕉坐像，彷彿時光倒流，重新回江戶時代，那裡有一個熱切參訪禪師，將禪修所得化為文字，奉「俳禪一如」為圭臬的詩人，儘管已名滿天下，卻堅持清貧，不斷行腳各地，只願所見所感能淬煉成詩句，留與後人細細體會這娑婆世界的曾經。

❶ 原文：「古池や蛙飛びこむ水の音」。

❷ 葉渭渠著：《日本文學思潮史》，臺北：五南出版，二〇〇三年。

❸ 原文：「草の戸も住み代わる世ぞ雛の家」。意思是：看到草庵中擺著女兒節的人偶，而深刻感到草庵已換了主人。

❹ 杉風是俳號。杉山杉風號採茶庵，杉山是蕉門早期弟子及贊助人。別墅指杉風別宅，「採茶」非採茶，取自《詩經・豳風》：「采茶薪樗」，意思挖苦菜、打柴。

❺ 原文：「名月や門にさしくる潮がしら」。

❻ 原文：「花の雲鐘は上野か浅草か」。俳句是世界最短，也是江戶時代最具代表性的定型詩歌形式，它是由日語五七五音節構成，但因日語單字多複數音節，故一首俳句少於十七個漢字，漢譯時，不管要翻成漢詩的五言絕句形式，或翻成如俳句五七五字的形式，實際都得加字，但字一加多，易使原意走味，本篇為讓讀者認識俳句，故翻成五七五字的形式。拙著《禪味關東》則譯成：「花之層雲／鐘聲若自上野／若自淺草」，恰可和此處的另譯對照。

雲巖寺

輪王寺

Chapter

2

日光路

輪王寺

日 光 山 中 門 跡 寺

日光山，原來不是一座山而是三座山？
輪王寺，也不是一座寺而是二社一寺？
輪王寺有何特殊之處？
它是天台宗的門跡寺院，由法親王任住持，
而且本堂「三佛堂」是東日本最大的伽藍，
無論是儀典「強飯式」或是名產「湯波」，
都不容錯過！

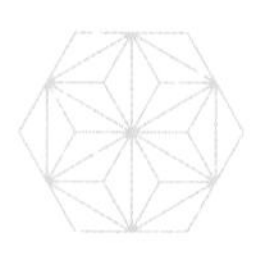

http://rinnoji.or.jp/
add. 栃木縣日光市山內2300
tel. 0288-54-0531

黑門位於輪王寺地基西側，因從門柱到屋瓦全部用黑色塗料，故而稱之。（秦就攝）

輪王寺，為日本栃[1]木縣日光山中寺院群的總稱，堂塔廣布於山中各處，為天台宗門跡寺院，擁有祭祀德川家光的大猷院靈廟，和本堂「三佛堂」（重文）等古建築。輪王寺並和東照宮、二荒山神社合稱為「二社一寺」，已被指定為日本國史跡，並以「日光社寺」登錄為世界遺產。

日光山中的二社一寺

日光山位於栃木縣北西部，是男體山、女峰山、太郎山等三山為中心的山岳的總稱，特別是主峰男體山（也稱二荒山）是山岳信仰的御神體、修驗道的靈場。

日光山同時也是輪王寺的山號，但在江戶時代是日光寺社群的總稱，不只輪王寺，明治初因神佛分離令，日光山除輪王寺，還分出東照宮、二荒山（音：futarasan）神社。東照宮祀建立江戶幕府的德川家康（一五四三～一六一六年），死後封為「東照大權現」視為神明祀於此。芭蕉到日光時，原本還下著雨，但當他出門向日光山前進時，天氣就放晴了。他抬頭看著日光從樹葉的間隙灑下，不禁寫下俳句：

雨後將頭仰
濃翠新綠亮朗朗
日光輝萬丈[2]

輪王寺的創建時期可上溯至奈良末、平安初，由下野國僧勝道上人

（七三五～八一七年）所開創[3]。相傳於奈良時代天平神護二年（七六六年），勝道和弟子一行欲前往日光山山麓時，被大谷川的激流所阻，此時出現脖子以下為髑髏的神宣稱：「我乃深沙大王。」

接著該神放出兩條大蛇結為一橋，兩蛇的蛇鱗並長出草來，讓勝道與一行不會滑倒，順利抵達彼岸。如今日光觀光的象徵「神橋」，相傳即是二蛇結橋的地方，而神橋北岸建有深沙大王祠，以紀念此事。深沙大王也稱為深沙大將，玄奘三藏法師西行求法時，在流沙遭遇危難，曾感見此神守護，而得度難關。不少學者主張，《西遊記》的沙悟淨即由深沙大王演繹而來。

勝道發現大谷川對岸乃一聖地，便建供養千手觀音菩薩的寺宇，該地籠罩紫雲，故稱紫雲立寺，其後改為四本龍寺。現在的輪王寺本堂（三佛堂）雖遠離大谷川，但四本龍寺舊地仍有觀音堂等若干堂塔。

法親王的門跡寺院

輪王寺在平安時代由嵯峨天皇賜「滿願寺」寺號，即成關東以北的一大靈場；室町時代僧房數百，但豐臣秀吉沒收寺領後，曾一度衰微。

一六一三年，天海（一五三六～一六四三年）成為第五十三代貫主（住持），此寺受將軍家庇護而步向復興之路。天海大僧正，不僅

位於神橋前的天海僧正雕像，曾任輪王寺貫主，也是中興日光山之祖。（秦就攝）

精於天台教學，也通儒家、神道之學，故獲得德川家康的信任，天台宗因此而獲得發展，一六三五年說服幕府支持，而開始進行的寬永寺版（天海版）《大藏經》，花了十二年終於在一六四八年完成，成為日本最早自行編纂的《大藏經》，是他為佛教界留下的偉大功績。據說他圓寂時已一百零八歲，謚號「慈眼大師」。

他和一休和尚一樣留下許多機智有趣的故事，例如：

某次幕府將軍德川家光贈他柿子，他吃柿子時，將柿子核包好置入懷中。

「為什麼這麼做？」家光問。

「我要帶回家種。」天海答。

「都快百歲的老人了，不該幹這種徒勞無功的事。」

天海語重心長回說：「治天下之人豈可如此性急！」

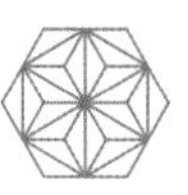

幾年後，天海獻柿子給家光，家光問：「這是哪裡產的？」

「是幾年前將軍所贈的柿子種出來的。」

日本俗諺說：「桃栗三年柿八年，梅子酸酸十三年，梨子阿呆十六年，柚子傻瓜要十八年。」

這段話在勉勵人做任何事要完成，都要有相應的時間，性急也無濟於事。換言之，天海獻柿之事，離當年家光贈柿給他吃，可能已歷八年左右，德川家光一定感觸良深。

一六五五年，後水尾上皇賜「輪王寺」寺號，天皇的第三皇子守澄法親王（出家的皇族男子）入寺。此後輪王寺即由法親王任住持，一直到幕府末期，擔任住持的法親王達十四代。輪王寺因同時兼江戶上野東叡山寬永寺貫主、比叡山延曆寺天台座主，故極有權威。最後一位法親王即是明治時代還俗的北白川宮能久親王。他在一八九五年負責接收甲午戰後割讓給日本的臺灣，卻因瘧疾死於臺南，成為第一個死在海外的皇族，他往生的地方後來興建為臺南神社，其主建築今已不存，唯神社的事務所還保留著，即今臺南忠義國小圖書館。

東日本的最大伽藍

該寺自創建以後，相傳平安時代的弘法大師空海（七七四～八三五年）和天台宗高僧圓仁（七九四～八六四年）均曾蒞寺參訪。圓仁法師於八四八年至此，並創建三佛堂、常行堂、法華堂，從此該寺始成天台宗寺院。常行堂、法華堂是外觀、大小相同的建築，兩棟並列的形式是天台宗特有，故天台宗延曆寺和寬永寺也建有同名的殿堂。

輪王寺堂塔並未聚於一處，而是散布在日光山內各處。東照宮南方境內有本堂「三佛堂」和寺務所。三佛堂是輪王寺的本堂，是日光山最大、同時也是東日本最大的木造建築。現在的建築是一六四五年，德川家光下令改建。寬三十三點八公尺，深二十一點二公尺，一重裳階的銅瓦葺歇山頂建築。堂內的外陣鋪榻榻米，和須彌壇同高，內陣為較低的鋪石地板。這種形式和延曆寺的根本中堂一樣，也是天台宗特有的佛堂形式。

日光山是山、神、佛一體的信仰，故本堂三佛堂的內陣供養日光三社權現本地佛（千手觀音、阿彌陀如來、馬頭觀音）三尊大佛（高八點五公尺），及東照三社權現本地佛（藥師如來、阿彌陀如來、釋迦如來）等兩組三尊佛。

三佛堂後方有相輪樑，德川家光發願興建，這是由塔的相輪獨立出來的青銅鑄造物，高達十三點三公尺。內部收藏千部經典，而由天海仿比叡山的相輪樑所建造，因他處少見，故頗為特殊。

二荒山神社西側有大猷院靈廟建築群，大猷院本殿（國寶）是家光的靈廟，大猷即大道之意，因家光歿後獲贈大猷院殿，家光遺命建造

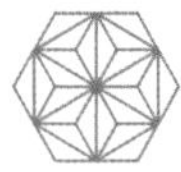

輪王寺的本堂「三佛堂」，為東日本最大的木造建築。（秦就攝）

規模須比東照宮小，但嶄新的設計給人完全不同的感受，例如該建築群拜殿、相の間❹、本殿並列，顯得有整體感。

二荒山神社南側兩棟塗朱的寶形造建築，即常行堂和法華堂，從這裡登上長長石階，盡頭即是祀中興之祖天海的慈眼堂、墓所，以及收藏天海藏書之處，天海藏書數萬冊，其範圍不只佛典，甚至包括全十六冊的《金瓶梅詞話》，是明代所出的最早刊本，上面還有「天海藏」印。祀勝

相輪樘是由塔的相輪獨立出來的青銅鑄造物，輪王寺的相輪樘十分特殊，在他處很少見。（秦就攝）

道的開山堂則在東照宮北方、往瀧尾神社的參道途中。

一九九九年，二社一寺高達一百零三棟的建築物登錄為世界遺產，故在此無法一一列舉。

有趣的儀典強飯式

除了日光山中的輪王寺，勝道在七八四年，於四本龍寺西方男體山麓湖（中禪寺湖）附近建立中禪寺，做為冬季的男體山遙拜所，現該寺移建於湖東岸，是輪王寺的別院。本尊千手觀音用連香樹刻成，據說是勝道上人所親雕，稱為立木觀音，是坂東三十三所觀音靈場的第十八番札所。

中禪寺湖是男體山的火山熔岩流

下來，所形成的火山堰塞湖，湖水清澈見底，每逢楓紅時節，湖光倒映似火山色，景致宜人，而且附近有溫泉、滑雪場，是著名觀光地。

輪王寺的儀典，最著名的是每年四月二日於大本堂舉行的強飯式，傳說能受此祕法者有七難即滅、七福即生的現世利益。據說此儀典源於許多山伏（修驗道的信徒）入日光山修行，行者們供養本尊的供品會帶回分享鄉里大眾。

德川家光的御廟大猷院是佛式靈廟，此為大猷院的表門二天門（重文），上有後水尾上皇所書的「大猷院」。（秦就攝）

儀典開始時，由僧侶們在黑暗中舉行護摩祈禱，接著山伏們在法螺聲中，端著盛得像座小山般尖的大飯碗，由穿著武士裝束的頂戴人磕頭拜領飯，領取時山伏會大聲責難說：「一碗、兩碗不可以，要七十五碗都不剩！領去吧！」

頂戴人領到的飯量達三升（約五點四公升）以上，儀式期間，得將這大碗飯捧於頭上。強飯式最後，頂戴人將福德迴向他人，在本堂迴廊上將信徒供養三寶的各種供品，撒給堂外的一般參拜者。

日光名物湯波料理

佛教傳入日本的同時，也傳入漢地寺院的飲食文化；輪王寺所在的日光名物是湯波料理。湯波據說是約一千二百年前由傳法大師最澄（七六七～八二二年）由漢地傳入，所以日本湯波最出名的產地，即最澄所開創的天台宗總本山延曆寺及京都一帶，還有日光、身延（日蓮宗總本山所在地）一帶，但京都和身延寫作「湯葉」、日光則寫作「湯波」，其實日語發音一樣，只是漢字表記不同，都是指豆皮。

日光的湯波和京都的湯葉取法不同，豆皮是取自煮沸豆漿表面的凝固薄膜，京都是由鍋邊緣橫取圓型薄膜，並任其自然乾燥後使用，而日光則是將筷子插入鍋中心，垂直拉起薄膜後對折成半圓形，故厚度較厚，口感紮實，大多是直接使用或用油炸後使用。

有一次買臺灣雲林西螺產的油炸豆皮送日本友人，對方雀躍不已，直說：「真是太感動了，這在日本

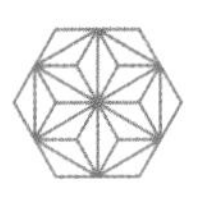

可是高級料理呢！」日本友人的表現或許誇張，但興奮之情則不假，因為日本人是喜歡吃豆皮的！

想到輪王寺參訪，除了JR線，東武鐵道也是極佳選擇，它的周遊券可暢遊日光、鬼怒川溫泉鄉、日光江戶村等。日光江戶村可體驗江戶時代的市井生活；鬼怒川溫泉鄉已有二百多年歷史，原是到日光山參拜的僧侶順道造訪的療癒地，後來往來會津街道的旅人也慕名而來，於是逐漸發展出頗具規模的溫泉街。

規畫東京行程時，如果想到東京附近參訪寺院古蹟、泡溫泉、看山、滑雪，日光是不錯的選擇。

❶ 枥是和製漢字，故沒有對應中文字，字源不明。角川《新字源》載，是一種落葉喬木，相當於漢語的「橡」。

❷ 原文為：「あらとふと青葉わか葉の日のひかり」。直譯應是：令人尊敬呀，那從濃翠新綠的樹葉中照射下來的日光。季語是「若葉」，也就是新綠嫩葉。暗喻東照大權現威光普照，澤被萬物。

❸ 此傳說不見於當時史書，下野國當時有東日本第一寺院下野藥師寺，是佛教文化興盛之地。

❹ 連接兩主建築的建築，在社寺建築中，是本殿和拜殿、禮堂和祠堂間的建築，也稱權現造、八幡造。

雲巖寺

啄木不毀佛頂庵

雲巖寺從十三世紀開山以來，
一直是禪宗很重要的道場，
在三門木牌上開宗明義揭示：「碧巖錄提唱」，
曾是日本禪宗四大道場之一，
俳句大師芭蕉亦曾特地造訪。
時至今日，雲巖寺依然是一處最佳的修行之所，
一處嚴格的禪宗修行道場，
自始至終都不是喧鬧談笑的「觀光」寺院。

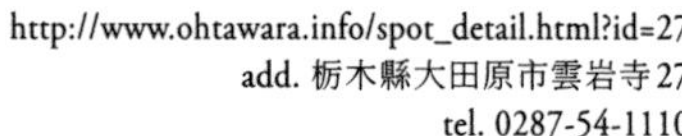

http://www.ohtawara.info/spot_detail.html?id=27
add. 枥木縣大田原市雲岩寺27
tel. 0287-54-1110

雲巖寺佛殿，額匾上書「東山」為此寺山號。（秦就攝）

在栃木縣大田原市有一座遠近馳名的古寺——雲巖寺，曾和福岡縣聖福寺、福井縣永平寺、和歌山縣興國寺並列為禪宗四大道場之一，也是松尾芭蕉在《奧之細道》的旅途中，特別造訪的寺院。雲巖寺綠樹環抱，澈溪過前，瓜瓞橋下，水聲淙淙，今山古剎，近之息心，絕對值得抽出時間前往。

佛國國師開山

根據寺傳，雲巖寺為平安時代末年（一一二六～一一三一年）由叟元和尚草創，當時屬三論宗寺院，其後成為諸宗雜居之地。佛國國師高峰顯日（一二四一～一三一六年）於關東地方行腳修行時，在黑羽山麓結草庵，修驗道的山伏高梨勝願法印（相當於佛教的法師）領有此地，他就國師學禪，並執弟子之禮，後來為報此恩，乃將八溝山獻給佛國國師。

佛國國師是鎌倉時代後期著名的臨濟宗僧，乃後嵯峨天皇的第二皇子，諱顯日，字高峰，號密道；諡號佛國禪師、佛國應供廣濟國師。一二五六年，從東福寺開山聖一國師圓爾（一二〇二～一二八〇年）出家，鎌倉建長寺兀庵普寧（一一九七～一二七六年）、圓覺寺開山佛光國師無學祖元禪師（一二二六～一二八六年）法嗣，和另一臨濟宗南浦紹明（一二三五～一三〇九年）被稱為天下的二甘露門。

雲巖寺的朱拱橋「瓜瓞橋」及三門。（秦就攝）

佛國國師歷任鎌倉萬壽寺、淨妙寺、淨智寺、建長寺住持，門下有夢窗疎石（一二七五～一三五一年）等才俊輩出，形成關東禪林主流。一二八三年，當時的執權北條時宗❶，請佛國國師為雲巖寺開山。此後，名師碩學住山，致力於宣揚宗風。但值戰國亂世，雲巖寺法運漸衰，於是在一五七八年請妙心派下的無住妙德禪師為住持，自此改為臨濟宗妙心寺派。

一五九〇年，豐臣秀吉（一五三七～一五九八年）討伐小田原時，伽藍燒毀，當時僧眾雖負佛像及祖師像使免於難，但寶物什器之類悉歸烏有，僅餘開山佛國國師自讚畫像和第二世佛應禪師畫像兩件（現藏東京國立博物館）。現今建築多是一八四九年所重建。

提倡《碧巖錄》的道場

雲巖寺的三門、佛殿、方丈在一直線上，是典型禪宗伽藍的配置。三門前另有一石柱門，過門面向寺的右方，有一樹齡高達五百五十年的堂堂巨杉，樹高約三十二公尺，樹圍五點二公尺，是日本環境廳選定的「關東巨樹」，初來乍到的信眾訪客均會被這棵巨木的雄大氣勢震懾。石柱門前，架在武茂川上的朱拱橋名「瓜瓞橋」，橋名「瓜瓞」典出《詩經．大雅．綿》，是子孫綿延繁榮的意思，在佛門指佛法及法子法孫興盛。

過橋仰望，石階上的三門乃是豐

供奉於佛殿的主尊——釋迦牟尼佛。（秦就攝）

臣秀吉征伐小田原時幸免祝融之災的三門，分上下兩層，上層懸「神光不昧」匾，內供釋迦牟尼佛、文殊菩薩、普賢菩薩和十六羅漢像等；下層門柱左右掛有木牌，右寫「雲巖寺專門道場」，左書「碧巖錄提唱」。

宋圜悟克勤禪師（一〇六三～一一三五年）在開堂說法時，為使學人更易理解雪竇禪師（九八〇～一〇五二年）所著《百則頌古》，乃作《碧巖錄》。《碧巖錄》是圜悟禪師住成都昭覺寺、夾山靈泉院、湘西道林寺三處，前後二十年間為門人所講，由弟子記錄整理而成。「碧巖」是夾山的一處景點，該書因此得名。《碧巖錄》使禪宗進入「註釋」公案語錄的新階段，是「文字禪」發展的巔峰，對禪風轉變有深遠影響，被譽為「宗門第一書」，該書傳入日本後，廣為流行，雲巖寺是其中一例。

佛殿懸匾額「東山」，是此寺山號，殿內主供釋迦牟尼佛。佛殿右有鐘樓、左為敕使門、平和觀音堂；敕使門有石階，登上石階左方有禪堂。

禪門引用「人面桃花」

佛殿後的石階之上則為方丈，上懸額：

人面不知何處去
桃花依舊笑春風

這兩句自然是引自唐代詩人崔護的〈遊城南詩〉：「去年今日此門中，人面桃花相映紅。人面不知何處去，桃花依舊笑春風。」的句子，在雲巖寺開山《佛國禪師語錄》也可見到。

傳說當年崔護在初春三月，見到燦爛奪目，乍豔嫣紅的桃花，並且在一戶桃花特別多的人家門前，見到一位少女向他微笑打招呼。少女的笑顏和豔麗的桃花，互相輝映，令他無法忘懷。一年之後，崔護重遊舊地，經過同一戶人家。少女的微笑依舊在他腦中，但是人已經不知去向了。

這首詩多次在禪門中被引用，

《續燈錄》：

僧曰：未是直截之機。

師云：目前可驗。

師乃云：一氣不言，群芳競吐。煙羃羃兮水綠山青，日遲遲兮鶯吟燕語。桃花依舊笑春風，靈雲別後知何許。

方丈上懸匾：「人面不知何處去，桃花依舊笑春風」，為唐詩人崔護詩句，卻經常為禪門所引用。（秦就攝）

方丈中的對聯：「洞中山色四時好，雲外溪聲一樣寒」，為開山佛國國師所言。（秦就攝）

北宋芙蓉道楷禪師（一〇四八～一一一八年），也作過以「桃花依舊笑春風」作結的詩：「一法原無萬法空，箇中那許悟圓通。將謂少林消息斷，桃花依舊笑春風。」佛教認為人生無常，一切法均因緣和合而生，因緣分散而滅，並無永恆不變的自性。故擔心少林達摩祖師的心法失傳，是不必要的，因真理原本存在，又怎會失傳？猶如年年桃花均會在春風之中綻放一樣。

方丈內有匾額書寫「獅子王殿」外，柱上並有佛國國師語：

洞中山色四時好
雲外溪聲一樣寒

正說明雲巖寺是一處方外最佳的修行之所，一處嚴格的禪宗修行道場，從來都不是所謂的觀光寺院。不過，寺中的看板上說明：「寺是人心的道場，非單純觀光場所。高

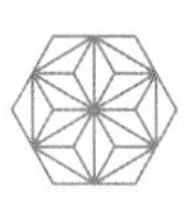

聲、大笑、喫菸、醉客、任意進入諸堂等，任何給他人製造麻煩的作為，堅決禁止，也不做觀光導覽。請享受聖域的逍遙，不用付分毫觀光費用。」

面對方丈，其右側和庫裡相連，左側隔神龍池有禪堂、經藏等建築。三門和佛殿之間有鐘樓，沿鐘樓旁小徑可到三佛塔，供奉勸請開山佛光國師、開山佛國國師，以及第二世住持佛應禪師像。

佛頂國師與俳句大師芭蕉

松尾芭蕉在江戸深川的時代，佛頂國師對他有著極大影響，兩人之間亦師亦友，傳為佳話。

佛頂國師是茨城縣鹿島根本寺第二十一代住持，比芭蕉年長三歲，因和鹿島神宮之間有領地之爭，為了訴訟而有一段時間滯留江戸。當時佛頂國師多在根本寺末寺、位於江戸深川的臨川寺掛單（當時尚稱臨川庵，後來才成為臨濟宗妙心寺派瑞甕山臨川寺）。臨川寺因位於芭蕉庵附近，芭蕉經常向佛頂國師問法。芭蕉對於乞食僧有獨特的憧憬，正和佛頂國師的人生態度一致。

芭蕉生家並不富裕，青春時代未有受到正統教育的機會，輾轉定居深川之後，幸運得以遇見佛頂禪師，乃隨之參禪。佛頂禪師和當時眾多日本禪僧一樣，有著深厚的漢學根基，所以芭蕉也從和尚處習得老莊思想，使得芭蕉的人生視野更加擴大。

芭蕉的俳句深受禪的影響，後來他改革俳諧，也多少和佛頂國師的啟發有關，可以說佛頂禪師和大詩人芭蕉的誕生是有著密不可分的關聯的。因此，一六八七年，芭蕉特地到鹿島根本寺訪佛頂國師，並寫下《鹿島詣》；又在一六八九年訪雲巖寺，並特別到佛頂和尚住過的山居小庵前駐足，緬懷心目中的心靈導師。

佛頂國師說他自己曾用松炭在岩石上寫：

橫豎未五尺
住來窄也寬
只為避風雨
才需結草庵❷

可見是非常小的小屋，芭蕉在離開雲巖寺前，在該庵的柱子上留下禮讚和尚的俳句：

就連那啄木
也知不毀庵上柱
夏日樹扶疏❸

啄木鳥不啄此庵有何奇怪，芭蕉為什麼要特別寫出來？原來這和一則傳說有關。根據鳥山石燕（一七一二～一七八八年）的妖怪畫集《今昔畫圖續百鬼》，自古傳說有一種像啄木鳥的怪鳥，經常出現在四天王寺和法隆寺，以鳥喙啄寺破壞。

傳說佛法初傳日本，大臣物部守屋排佛，認為不該信仰蕃神（異國之神），導致崇佛、排佛兩派尖銳對立，物部守屋後被崇佛的聖德太子（五七四～六二二年）和蘇我馬子（五五一～六二六年）聯合討伐而亡❹，其後太子每造佛寺佛像，便被守屋冤魂所化的啄木鳥加以啄破毀壞。芭蕉的俳句是說啄木鳥即使不喜佛教，但對此庵也不妄加破壞，以示對佛頂禪師敬畏與仰慕之深。

芭蕉留下俳句後，才循東山道（義經街道）繼續踏上《奧之細道》的旅程。

雲巖寺未曾上色的樑柱，木理斑駁，不但道盡歷史滄桑，且不管是欣賞春夏的翠綠、秋天的紅葉，或冬天的雪景，該寺都是絕佳的賞遊地點，令人駐足，久久不忍離去。

❶ 關於北條時宗之事蹟，請參閱法鼓文化出版《禪味關東》。
❷ 原文為：「竪横の五尺にたらぬ草の庵、むすぶもくやし雨なかりせば」。
❸ 原文為：「木啄も庵はやぶらず夏木立」。季語是「夏木立」，也就是夏日草木扶疏的意思。
❹ 關於此傳説，可參閱法鼓文化出版《禪味奈良》。

松島瑞巖寺
毛越寺
中尊寺

Chapter

3

奥州路

遠野常堅寺

松島
瑞巖寺

海 上 明 月 共 此 時

名列日本三景之一的松島，
以「雄島煙波松島月」聞名於世，
松尾芭蕉與愛因斯坦都曾慕名而來，
松島瑞巖寺更是東北地區的第一大伽藍，
有無雙大伽藍的美譽。
海面小島在三一一大地震中受到重創，
著名景點「長命穴」，也於地震中崩解，
世人無緣再見此景。

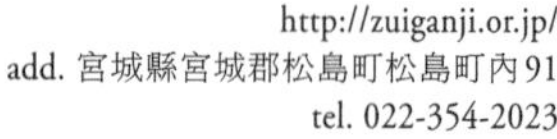

http://zuiganji.or.jp/
add. 宮城縣宮城郡松島町松島町內91
tel. 022-354-2023

庫裡是禪宗寺院的廚房，瑞巖寺的庫裡是巨大的白壁建築，和本堂以迴廊連結，大屋頂上還有小屋頂。（秦就攝）

二〇一一年，沒聽過宮城縣的人可能都因新聞報導而知道，日本有史以來最大的地震，就發生在這附近的外海，隨之而起的海嘯更引發重大傷亡。當地一座位於海邊的國寶級寺院，是否安然逃過此劫？

日本三景之最

宮城縣聚集最多人口的仙台平原，松島丘陵將平原一分為二，其東端到達海面遇沉降海岸地形，使海水浸入山谷，各處山頂突出海面，形成多島海。這些小島多生長松樹，故稱為松島。又因岩層屬砂岩、礫岩等脆弱岩質，諸島底部被海水侵蝕後，不但白、灰、黃的岩理均清晰可見，且淘洗出各種奇形怪狀的小島，成為著名景觀。《元亨釋書》記述奧州松島時說：「其地東溟之濱，小嶼千百數。曲州環浦，奇峰異石，天下之絕境也。」

江戶時代的日本儒學者林春齋（一六一八～一六八〇年）在所著的《日本國事跡考》，將之列為日本三景之一：「松島：此島之外有小島若干，殆如盆池月波之景，境致之佳興，丹後天橋立、安藝嚴島為三處奇觀。」松尾芭蕉在《奧之細道》中更推為日本第一：

自古相傳松島乃扶桑第一好風光，不遜洞庭、西湖。由東南入海，灣中三里，如浙江潮。小島無數，攲者指天，伏者匍匐波上。或二重或三重相疊，或左或

松島灣中的鐘島擁有四洞門，海浪打來有如鐘聲，故名鐘島。（秦就攝）

右相連。有負有抱，如愛兒孫貌。松蔭甚濃，枝葉為潮打風吹，自然屈曲，卻如人工所為。

松島灣內共有二百六十餘座小島，日本人一一為其命名，其中較著名者有：雄島是賞月佳處，其盛名在元代已傳入中原。福浦島曾是延福寺的天台宗徒被逐後所聚集的小島，現有髮紅橋和本州相連。仁王島之於松島就像女王頭之於野柳，是象徵性景點，其外形有如戴著帽子、口銜捲菸的仁王像。鐘島有成排洞穴，潮打岩洞，敲出有如鐘聲般的潮音。小藻根島南端有高約五公尺的「長命穴」，傳說船隻通過該洞，可增三年壽命，但二〇一一年的地震中崩解，世人已無緣再見。

松島灣有各式遊覽船可眺望諸島，海面經常有眾多叫聲像貓，日本人稱之為海貓的黑尾鷗翔集，吃著船上遊客餵飼的食物，形成人和景觀、天然生物融為一體的動人場面。

月印海上　天涯共此時

日本三景各有特色，其中又以天橋立的「雪」、松島的「月」、宮島的「花」（楓葉）最為人所稱頌。松島月在十四世紀就已名馳中原，元代薩都拉在他所著的《雁門集》中就有「雄島煙波松島月」之句。十七世紀後半，松尾芭蕉在《奥之細道》一書中，開頭就寫道：「松島之月早懸於心。」芭蕉到了松島，描寫松島月景道：「月映海上，眺望夜景，又與白晝迥異其趣。返岸上投宿，住二樓，開窗面海。所謂旅寐風雲之中，奇妙之感，無以言宣。」

有趣的是俳聖或許被如此美景所震懾，竟忘言閉口無法化為俳句。而同樣的情形還發生在愛因斯坦身上，他在一九二二年專程到松島賞月，車停五大堂前時，已過下午四點，陰曆十三的明月已升起，愛因斯坦見之不禁失聲，只說了：「啊，月亮，啊，月亮。」之後他才對同行的人說：「不管何種名匠的技術，也無法留下此等美景。」

松島岸邊的觀瀾亭，是賞月的著名地點，原是豐臣秀吉伏見桃山城

岸邊的觀瀾亭是賞月佳所，原是豐臣秀吉伏見桃山城的茶室，伊達政宗受贈後改建為觀瀾亭。（陳玉紹攝）

的茶室，伊達政宗受贈後將之改建於此。

從天台宗到禪宗

江戶時代的松島灣被伊達政宗暗地做為軍港，包括瑞巖寺在內，都建設了許多伊達家直轄的軍事設施。一說芭蕉便是為親身觀察這些設施而到松島，故而有芭蕉其實是忍者，該次紀行實為刺探軍情的說法。不管真相如何，現在這些設施都成為觀光資源。

松島瑞巖寺的全名為松島青龍山瑞巖圓福禪寺，創建於平安時代，原是天台宗延福寺，後來改為臨濟宗建長寺派圓福寺，現則屬於臨濟宗妙心寺派，自古即有松島寺的通稱。

平安時代此地有延福寺，開山祖師為慈覺大師圓仁。到了鎌倉時代，對禪宗極其傾倒的執權北條時賴，以武力討伐延福寺的天台宗僧徒，事後以法身性西任住持。虎關師鍊在所著的《元亨釋書》寫道：「法身性西和尚，過壯歲出家，不知文墨。聞衲子稱宋地禪行，駕商船入臨安。徑登徑山見佛鑑禪師。」法身在宋九年。《天台記》記載北條時賴（一二二七～一二六三年）險被天台門徒所殺，逃出後巧遇正在岩窟修行的法身禪師，時賴在深談後決定廣弘禪宗，驅逐天台僧眾，乃以千人兵力攻打延福寺，法身禪師乃成為此寺改宗後的開山祖師。今寺外有一嵌格子戶岩窟，據說即法身禪師和時賴當年相會之處。

接任法身之後的第二代住持是建長寺開山祖師蘭溪道隆（一二一三～一二七八年），此後便一直由蘭溪道隆所傳弟子任圓福寺住持。此寺在獲得北條氏的保護後，成為僅次於五山十剎之下，最早的諸山之一，後來更升列關東十剎之一。直到戰國末年因火災使伽藍盡成廢墟。

江戶時期，此地的主政者伊達政宗在禪僧虎哉宗乙的勸說下，決定重興圓福寺。一六〇四年開始，從現今的和歌山縣伐木，又聘請天下名工百三十人，花十四年時間整建，並改寺名為「松島青龍山瑞巖圓福禪寺」。重建雖完成，但一時並無住持。一六三六年，依伊達政宗遺言，請雲居禪師任住持，雲居乃被尊為瑞巖寺的中興開山。

雲居禪師是有道高僧，芭蕉的《奧之細道》也記載了雲居禪師的事蹟，指出禪師曾在雄島修行，島上有雲居禪師別室之蹟、坐禪石等。

日本無雙的大伽藍

江戶時代俳人大淀三千風的《松島眺望集》中則認為：松島是天下第一之好風景，而瑞巖乃日本無雙之大伽藍。可以想見此寺在極盛時期的氣勢與規模，是東瀛首屈一指的大寺。該寺在江戶中期達到鼎盛，形成超過四十座建築的伽藍群，末寺達到九十餘寺，成為仙台藩內第一大寺院。明治初的廢佛風潮中，瑞巖寺寺領全被沒收，附屬建築漸次毀壞。直到一八七六年，明治天皇巡幸東北時捐款給此寺，才使該寺脫離財政困境。

瑞巖寺被包圍在古杉密林中，寺外的山壁有洞窟群，各窟中有無數塔婆、五輪塔、戒名，古來即被稱為「奧州之高野」。另有一座少見的「鰻塚」，因松島是著名的鰻魚產地，故有此塚。

總門（宮城縣文化財）是一六〇九年所建，門上匾額「桑海禪林」指扶桑海邊的禪寺；過總門筆直的參道有夾道的蒼鬱高聳杉木。

寺內有許多建築物指定為文化財，完成於一六〇九年的本堂（國寶），正面三十九公尺，深二十五點二公尺，屋頂高十四公尺，規模宏偉，是一禪宗方丈樣式，但是加了武家書院造樣式的建築，室內分隔成十間，襖繪金碧輝煌。庫裡（國寶）是禪宗寺院的廚房，和本堂以迴廊連結，長二十三點六四公尺，寬十三點七八公尺，大屋頂上的小屋頂則是做飯時的油煙出口，這樣巨大的白壁建築竟是廚房，可見極盛時期的規模。

此外，一九七四年開設的寶物館，收藏約三萬件挖掘調查時出土的圓福寺時代遺物，以及伊達家所捐的繪畫、茶器及臨濟禪文化而流傳下來的墨跡等。

每年十一月的第二個星期日，此寺舉行紀念松尾芭蕉的芭蕉祭。除夕名為「火鈴巡行」的防火鎮護祈禱及除夜之鐘也很著名。

瑞巖寺本堂。（秦就攝）

景觀建築五大堂

一六〇四年，原和瑞巖寺是不相隸屬的五大堂（重文），因伊達政宗的重建，也將之納入瑞巖寺的管理之下，此建築成為日本東北地方現存最早的桃山建築，此堂建於接近本州海岸的小島上，是松島著名的景觀建築，和本州以間隙可看到海面的「透橋」相連，常可見遊客顫抖地走在橋上，是一有趣畫面，但舊橋已在二〇一一年發生的海嘯中流失。

五大堂供養大聖不動明王、東方降三世明王、西方大威德明王、南方軍荼利明王、北方金剛夜叉明王等五大明王像，是三十三年公開一次的祕佛。各像都以櫸樹材雕刻的一木造像，應是在當地所刻，而非由京都帶來此地，現安置堂中的五大明王像則是青銅製復刻像。

二〇一一年三月十一日發生的大地震與海嘯，日本災情慘重，臺灣人發揮愛心，熱心捐款，金額名列世界前茅，令人想到「風月同天」的句子，也想到以賞月出名的松島。

不久，服務單位適有日本貴賓來訪，接待之餘，更轉達了臺灣人對日本地震的關心之意。他們回國後，立刻來函道謝，還特地選用了以松島為背景的郵票，其上海波平平，松島青青，且櫻花盛開，全然沒有悲情氣息，這或許正表現了日本人對於復興之路的堅持與自信。

上／五大堂建於小島之上，以日式朱橋和本島相連。（秦就攝）

下／朱橋是透橋，間隙可看到海面，參訪者常顫巍巍走在上面。（秦就攝）

毛越寺

平 安 遺 構 淨 土 池

一座只剩處處礎石、基壇殘跡的寺院，
如何得以入選世界遺產之列？
美麗的白鹿傳說、大泉池的淨土庭園造景，
還有現存最大的遣水遺構，
從伽藍復原圖遙想當年的樣貌，
從而與歷史、古人交流、對話，
這不正是毛越寺的價值所在？

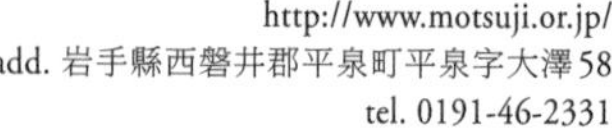

http://www.motsuji.or.jp/
add. 岩手縣西磐井郡平泉町平泉字大澤58
tel. 0191-46-2331

隔大泉池所見的毛越寺本堂。（秦就攝）

毛越寺位於日本東北的岩手縣平泉町，屬天台宗寺院，由慈覺大師圓仁開山。二〇一一年，聯合國教科文組織以「平泉──表現佛國土（淨土）的建築、庭園以及考古學的遺跡群」指定為世界遺產，保存價值獲得肯定，值得遊客、信眾前往參訪。

創建時的白鹿傳說

八五〇年，慈覺大師圓仁巡遊東北到達此地時，大霧籠罩四界，致使寸步難行。大師突然看到地面上有點點白鹿毛散落，他生起好奇，於是循著地上的鹿毛前進，結果發現前方有隻白鹿，待大師一接近，白鹿的身影便消失在霧中。不久，出現一位白髮老人對大師說：「這裡是靈地，如建堂宇可廣弘佛法。」慈覺大師認為這位老人是藥師如來的化身，於是在這裡建立一座寺院，名為嘉祥寺。這是根據寺傳記載的毛越寺開山傳說，平泉另一大寺中尊寺也在此年興建。

毛越寺在曾主宰日本東北政局的奧州藤原氏第二代基衡，以及第三代秀衡時，建造了許多雄偉的伽藍。據日本鎌倉時代重要的史書《吾妻鏡》記載，極盛時的規模有堂塔四十餘座、禪房五百餘間，包括金堂、講堂、常行堂、兩層正門、鐘樓、經藏等建築，被該書評為「吾朝無雙」，與另一位於平泉町的天台宗東北大本山寺院中尊寺的規模並駕齊驅。

進入鎌倉時代，奧州藤原氏被源家所討滅，此寺雖仍由鎌倉幕府保護，但一二二六年遇火災，戰國時期又遭兵燹，寺中建築無一倖免，長年只剩土壇和礎石。江戶時代歸仙台藩管轄，一六三六年伊達政宗死前，將當時的本尊釋迦如來三尊遷至和政宗靈廟「瑞鳳殿」相鄰的瑞鳳寺❶，毛越寺一帶漸成水田。一九二一年，移伊達家一關藩的一關城大手門❷至此，以做為三門。

平安伽藍遺構保存完整

一九五四年，曾全面挖掘毛越寺境內遺構，調查發現遺構和《吾妻鏡》等文獻資料吻合，建築物雖然全毀，但平安時代的伽藍遺構保存得非常完整。所謂遺構即是遺留下來的建築架構，包括過去的建築物、工作物、土木構造物等，也就是過去人類活動痕跡中的不動產。

毛越寺的文化價值受到日本重視，故獲得特別史跡、特別名勝的雙重指定。北有稱為塔山的小山，得以展望苑地之美，此外，杉林松蔭映照於大泉池水面，加上人工刻意布局而成的築山、出島，都如實反映平安時代的人造庭園狀態。

毛越寺的遺構主要包括：南大門跡、嘉祥寺跡、講堂跡、金堂圓隆寺跡、常行堂，以及法華堂跡等。南大門即《吾妻鏡》中所說的二層總門，從基壇遺構的挖掘得知，此門比奈良的飛鳥寺、藥師寺、大阪的四天王寺還要宏偉，而這也正顯示了此寺的特別之處。

嘉祥寺跡即《吾妻鏡》中嘉勝寺的所在地，位於金堂圓隆寺之西，被杉樹林所圍繞，其土壇規模約略和圓隆寺相同，寺傳記載為慈覺大師創建，事雖不可考，但可確信的是，在藤原基衡（一一〇五～一一五七年）建立圓隆寺之前就已存在，其巨大的礎石至今仍保存完整，規模和金堂圓隆寺相當。

講堂跡基壇和金堂圓隆寺幾乎在一直線上，可知這兩堂宇關係密切，應是和金堂一樣，由基衡下令興建。圓隆寺原是毛越寺中心伽藍，也是基衡耗資無數所建的敕願寺（即日本天皇發願敕命建造之寺），原本東、西有翼廊折向南，東廊前端有鐘樓和西廊前端的經樓對稱。本尊是雲慶❸所造的丈六藥師如來，現今的金堂圓隆寺跡、遺構保存完整。

由於毛越寺遺構保存狀態佳，可藉由考古資料與現代科技，繪出伽藍的復原圖，並進而窺知平安時代的伽藍型式，具有極高的學術價值。

極樂國土的人間模擬

平安末期的日本社會動盪不已，淨土信仰興起，而據《阿彌陀經》中說：「極樂國土，有七寶池，八功德水，充滿其中，池底純以金沙布地。四邊階道，金、銀、琉璃、玻瓈合成。上有樓閣，亦以金、銀、琉璃、玻瓈、硨磲、赤珠、瑪瑙而嚴飾之。池中蓮花，大如車輪，青色青光、黃色黃光、赤色赤光、白色白光，微妙香潔。」據此，毛越寺的象徵，非大泉池為中心的淨土庭園莫屬。該庭園是平安時代末期的遺構，苑池、橋墩、中島、庭石都維持著舊態，開發淨土庭園的動機之一，即是為了將淨土在人間表現出來。既然做為模擬，

上／圖為金堂圓隆寺跡，圓隆寺原是毛越寺中心伽藍，也是基衡耗資無數所建的敕願寺。（秦就攝）

下／從毛越寺伽藍復原圖，可得知當時毛越寺興盛時的宏偉規模。（秦就攝）

大泉池是毛越寺淨土庭園的中心。（秦就攝）

水池也就不可或缺，同是世界文化遺產的京都宇治平等院也同樣有水池，不過，毛越寺的水池更大，造景也更講究。被比作淨水、映照著周遭環境四季變換之美的大泉池，東西約一百八十公尺、南北約九十公尺，至今維持著庭園完成時的外觀。

當年毛越寺大泉池的中央有中島，自南大門到中島南有長十七間的拱橋、金堂到中島北有長十間的斜橋，二橋今已不存，只殘存橋墩石塊等，但這些橋樑遺構也是日本橋樑遺構中最古老的。

現今所見的大泉池布有沙洲、水濱、溪谷、具枯山水風格的假山、遣水等，而這些景觀乃依據寫於平安時代的日本最早庭園書《作庭記》復原而來，故具有學術性，並非等閒庭園。西南角、南大門偏西堆有「築山」，即從水際堆積大小石頭達四公尺形成假山，呈現如臨深淵的斷崖景觀，是《作庭記》所載的枯山水實例。東北側的遣水是為引水入池及曲水宴而造。日本的遣水遺構除了奈良的宮跡庭園外，別無他例，而毛越寺這條彎彎曲曲的水路，不但是平安時代的唯一遺構，也是遣水中最大的。

每年新綠時節所舉行的「曲水之宴」即是以遣水為舞台，此宴於一九八六年「藤原秀衡八百年忌」時恢復舉行。曲水宴是由漢地傳入，乃飲酒時為助酒興而發明的遊戲，王羲之的行書聖品〈蘭亭集序〉即是因曲水流觴的活動而來，臺北外雙溪故宮博物院的至善園也設計了流觴曲水。遊戲之法是先將酒杯放在曲水的上游，任其飄流而下，參與遊戲者則環坐渠旁，酒杯停在何人面前，那人便得吟唱和歌一首，再取杯飲酒。毛越寺的曲水符合《作庭記》所述的四神相應、吉相順流。

池子的東南角可和奇崛築山相對照的是，具有柔和曲線的沙洲，說是沙洲只因這裡離池底較淺，但全鋪了鵝卵石，以應水位下降時，仍能表現彎曲有致的美麗岸線。此外，池中還有立石與人工島——出島，出島並非只是水中的沙洲，其上也布置石組，這些布置都增加了此池的複雜，也增加了淨土庭園的可看性。

見證夢幻泡影的歷史現場

毛越寺的平安時代伽藍雖都已毀，但仍陸續興建了幾座堂宇。本堂完成於一九八九年，外觀是平安樣式。本尊藥師如來是平安時代作品，以日光、月光菩薩為脇侍，周圍且有守護本尊的四天王。開山堂祀毛越寺的開山慈覺大師圓仁，除大師像之外，也供養兩界大日如來像及藤原三代——清衡、基衡、秀衡的三衡畫像（江戶時代作品）。

攢尖頂的常行堂重建於一七三二年，是仙台藩主伊達吉村祈願武運長久而建，須彌壇中央為本尊寶冠阿彌陀如來，兩側有四菩薩，內殿有祕佛摩多羅神。摩多羅神是修法和堂宇的守護神，當地人自古將之

毛越寺本堂現今的本尊藥師如來，以及日光、月光菩薩。（秦就攝）

視為作物的保護神。內殿門戶平時關閉，每三十三年開放一次。每年正月二十日獻跳延年舞，是著名活動。寶物館陳列平安時代毛越寺的佛像、書籍、工藝品、發掘遺品、調查資料、延年舞的用具等。

或許有人認為一座處處礎石、基壇殘跡的寺院定然不足一觀，事實卻正好相反，毛越寺正因這些遺構而得以入世界遺產之列。超過八百年歲月，遺構得以保存如初，需要投注心思刻意加以保護，也因此我們方可透過遺構，想見建築的當年樣貌，從而和歷史、古人交

毛越寺常行堂每年舉行延年舞，是日本國指定重要無形民俗文化財。（秦就攝）

流、對話，這不正是毛越寺的價值所在？

山圍故城周遭在，
潮打空城寂寞回。
淮水東邊舊時月，
夜深還過女牆來。
——劉禹錫，〈石頭城〉

我以為講的是大泉池。

生公說法鬼神聽，
身後空堂夜不扃。
高座寂寥塵漠漠，
一方明月可中庭。
——劉禹錫，〈生公講堂〉

我幻想成池畔開山堂。

湖光秋月兩相和，
潭面無風鏡未磨。
遙望洞庭山水翠，
白銀盤裡一青螺。
——劉禹錫，〈望洞庭〉

寫的是洞庭湖中的君山，但何嘗不可以是大泉池的出島？

伽藍遺構、大池其實是重要的歷史現場，一六八九年俳聖松尾芭蕉到了平泉，面對荒煙蔓草、斷垣殘壁，想起被泰衡急襲而自殺的一代悲劇英雄義經夫婦，從而寫下俳句：

夏草正離離
遙望昔日兵燹地
空留如夢跡❹

這千古詩句既感傷又抒懷，情中有景，言外有意，英雄、伽藍在無盡的時空中，終將成為幻夢泡影，毛越寺中的芭蕉句碑彷彿正是此寺價值的最佳註腳。

❶ 瑞鳳寺位於宮城縣仙台市，乃伊達政宗的菩提寺。

❷ 日本一般城分為三之丸、二之丸、本丸，最外面的是三之丸，最裡面的是本丸（城中心），每丸都是一道防守線。大手門是設在通往內部的二之丸或是三之丸等處曲輪（指城郭範圍）的虎口部分的門，相當於正門。

❸ 康慶之子，為鎌倉時期極具代表性之雕刻家，曾率弟子於東大寺造佛像，活躍一時。

❹ 原文：「夏草や兵どもが夢の跡」。松尾芭蕉到了平泉懷想源義經故事，不禁興起往事如夢之感。

中尊寺

光 堂 無 恙 蓮 風 中

天台宗別格大寺、東北大本山的中尊寺，
從古至今寫下一頁頁的傳奇，也是奧州藤原文化的象徵，
從藤原清衡建立，歷經三代增建，成為規模龐大的伽藍。
雖在一三三七年遭祝融，文物建築多被毀，
幸運的是，「國寶第一號建築」金色堂留存下來，
此外，還擁有超過三千件的寺寶，其中不乏國寶、重文，
更神奇的是，復育了沉睡八百年的
「中尊寺蓮」與「大池蓮」。

http://www.chusonji.or.jp/
add. 岩手縣西磐井郡平泉町平泉衣關 202
tel. 0191-46-2211

新建鋼筋水泥的金色堂覆堂，保護了金碧輝煌的日本國寶建築第一號「金色堂」。

中尊寺位於岩手縣的天台宗別格大寺、東北大本山，擁有國寶建築登錄第一號的金色堂，也是二〇一一年聯合國教科文組織登錄的世界遺產。

藤原家傾力建造的佛國淨土

八五〇年，相傳平安時代比叡山高僧慈覺大師圓仁創立中尊寺，但圓仁應是「勸請開山」，也就是後人思大師之德而尊其為開山。真正建中尊寺的應是藤原清衡（一〇五六～一一二八年），他在一一〇五年遷居平泉後，開始在白河關（福島縣）到外濱（青森縣）每一町建立名為「笠卒都婆」的供養塔，而所有塔的中心點即位於關山，該山是一交通往來孔道，上有衣關，清衡根據《法華經．見寶塔品》：「爾時多寶佛，於寶塔中分半座，與釋迦牟尼佛。」而佛陀入其塔中坐其半座的典故，在此建一座多寶寺。

根據鎌倉時代的《吾妻鏡》，該寺有寺塔四十座、禪房三百間。藤原二代基衡繼承父志，建立以藥師如來為本尊的毛越寺，三代秀衡建以阿彌陀如來為本尊的無量光院，於是完成三世佛為本尊的三座寺院，讓一切眾生皆可在諸佛的引導下進入過去、現在、未來諸佛國土。

清衡的前半生不但在戰亂中失去妻、子，更看到手足、親戚相殘的慘事，亂後決定建造一座不輸京都寺院的伽藍，以此造寺、造佛、寫經的功德，超度在戰爭中的往生者。

一一八〇年，源義經（一一五九～一一八九年）響應其兄源賴朝（一一四七～一一九九年）舉兵，助他追討平家，後來功高震主被下令追殺。一一八七年，義經逃到平泉，不久秀衡病死，第四代泰衡無法抵擋賴朝所給的壓力，包圍義經住所，迫他自殺。但源賴朝對奧州的攻伐並未停止，一一八九年，藤原氏終於被滅。賴朝後來入平泉，為其佛教文化所感動，乃仿中尊寺在鎌倉建人稱二階堂的永福寺。

一三三七年，中尊寺大火，文物建築多被毀。江戶時代平泉由伊達藩治理，歷代藩主均保護中尊寺，稱為月見坂的表參道兩旁杉樹即是伊達藩所種，樹齡有三、四百年。

一六八九年，松尾芭蕉和其門人曾良兩人展開《奧之細道》的旅程。他們到了平泉，先登上相傳是義經居處的高館丘陵，舉目不見往時榮華，只見一片展開的荒野，不禁想起杜甫的「國破山河在，城春草木深」詩句，接著探訪中尊寺，參拜後，發現即使經過五百次梅雨洗禮的金色堂，卻仍完好無恙，乃寫下俳句：

五月雨蒼茫
莫非避開未曾降
光堂猶輝煌❶

因為這些歷史，故「中尊寺境內」是日本國指定特別史跡。

國寶第一號建築金色堂

本堂重建於一九〇九年，本尊阿彌陀如來，自古相承的法會儀式多數在此舉行。兩邊所點燈火是由總本山延曆寺「不滅的法燈」分燈而來，該法燈自從傳法大師最澄點火後便從未熄滅，是天台宗的象徵。

本堂到金色堂途中的不動堂，是中尊寺祈禱道場，本尊不動明王右手持寶劍，

中尊寺金色堂原為室町時代樣式的木造舊覆堂，在一九六四年移建於金色堂北西一百公尺左右的現地。（秦就攝）

能斬斷任何邪惡。左手持羂索（繩索）表示要拉起求救之人。

位於山內稍靠西處面東而建的金色堂，是中尊寺的代表建築，也是創建時保留至今的唯一建造物。《吾妻鏡》記載：「金色堂上下四壁皆金色也。」可知當時即稱此堂為金色堂。此堂在一一二四年上樑，是一座典型的阿彌陀堂建築，每邊約為五點五公尺。

正面柱間全部、側面前一間、背面中央一間為雙開式板門，剩下的柱間有橫板壁。屋頂為攢尖頂本瓦葺形式。建物周圍有廊，但無高欄、階梯。內部有四根「卷柱」，是在八角柱的周圍再貼上半月形木板而成圓柱，如此一來既可在柱面上加工做蒔繪、螺鈿寶相華紋、佛像等裝飾工藝，又可避免龜裂。

堂內柱子之內為內陣，以外為外陣。內陣有金工和漆藝裝飾的須彌壇，外陣西北角和西南角也有須彌壇，但非初建時所設。中央壇有高欄圍繞，貼有象牙裝飾，這些不是亞洲象象牙，而是非洲象象牙，應是由中國輸入，足見當時奧州藤原氏財勢。

內陣有折上小組格天井❷，外陣則無天花板，故垂木裸露於外。柱間的長押❸掛銅製鍍金華鬘❹。堂內有燦爛奪目的裝飾，如發出白光的夜光貝螺鈿、透雕金具、漆器蒔繪，且不管是門、壁、簷、廊和地板幾乎都貼金箔，僅木瓦部分在解體修理時，未有金箔痕跡，故未貼金箔，是名副其實的「皆金色」阿彌陀堂。

堂中佛像，面對須彌壇中為本尊阿彌陀如來，前方左右分別是勢至菩薩、觀音菩薩，其左右又各有三尊地藏菩薩排成一列，最前列的左右分別是增長天和持國天，這種佛像組合在日本是孤例。

外表有孔雀圖案裝飾的須彌壇下方裡，有貼金箔棺木，分別是藤原清衡、基衡、秀衡三代棺木及第四代泰衡首級的首桶，遺體均已木乃伊化，可知金色堂不但是阿彌陀堂建築，同時兼做為藤原家的墓堂、廟堂。

整間金色堂可說是平安時代後期建築、繪畫、書法、漆工藝、金屬工藝技術，以及佛教雕刻精華的縮影，可謂平安佛教美術寶庫。但因建立當初建於屋外，長年風吹雨打，一二八八年，為了保護金色堂，乃在其外側建一包覆原建物堂宇，即稱為覆堂。現在的覆堂是一九六五年所建，金色堂收於此覆堂內的玻璃罩中，可隔絕外界空氣，並調整溫度、濕度。原室町時代樣式的木造舊覆堂（重文）則在一九六四年移建於金色堂西北一百公尺左右的現地。金色堂曾遭受鼠害，故在一九六二年至一九六八年前後花了六年整修，終於恢復創建當時的金碧輝煌。

第二次大戰後，日本製訂文化財保護法，認定中尊寺是奧州藤原文化的象徵，而金色堂更指定為日本國寶建造物第一號。

不容錯過的建築庭園

金色堂附近的經藏（重文，鎌倉末期），原是收納國寶一切經的建物，一部分使用平安時代舊材。內部有國寶螺鈿八角須彌壇（實物已移至讚衡藏），壇上供養騎獅的文殊菩薩像，以及從者四尊組合而成的文殊五尊像（重文）。

中尊寺鎮守社白山神社位於境內

上／中尊寺經藏有日本最早的棟札，原本是也是收藏中尊寺經的地方，現在收藏品皆已移讚衡藏。（秦就攝）

下／中尊寺鎮守社白山神社的能舞台，是東日本唯一一座近代能舞台。（秦就攝）

北方，神社的能舞台（重文）是一八五三年由仙台藩重建，是東日本唯一一座近代能舞台。

中尊寺原有淨土式庭園，是平安至鎌倉時代常見的日本庭園形式，深受佛教淨土思想影響，初期型態是在寺院的主要建築金堂，以及阿彌陀堂前造池植蓮、設置花園等，和平安時代流行的寢殿造庭園不一樣，這種庭園的中心建築不是寢殿而是阿彌陀堂。在伽藍配置上，池子占了極大面積，華麗的堂塔映於池面，讓人聯想起淨土。中尊寺的大池約在寺境中央，金色堂的東南下方，江戶時代初期的中尊寺境內繪圖中還可見池子，今已是一片野草荒田，推定平安時代的大池南北約一百二十公尺，東西約七十公尺。

日本唯一的金銀字交書：《一切經》

讚衡藏是中尊寺的寶物館，館名取奧州藤原三代清衡、基衡、秀衡的「衡」字，稱讚其偉業之意。以本坊本尊木造阿彌陀如來坐像（重文）、峰藥師堂的木造藥師如來坐像（重文）、閼伽堂的木造藥師如來坐像（重文）等三尊巨像為首，收藏佛像、經典、奧州藤原氏的副葬品（陪葬品）等三千件以上的寺寶。

紙本墨書〈中尊寺建立供養願文〉（重文），相傳是一一二六年中尊寺落成時，藤原清衡所寫的供養願文❺，內容說明建此伽藍的趣旨。

通稱《中尊寺經》的《一切經》（大藏經）有二七三九卷，包括藤原清衡發願所寫的紺紙金銀字交書《一切經》（國寶）十五卷和秀衡[6]發願所寫紺紙《金字經》二七二四卷。

金字《一切經》曾流行於京都皇族和上層貴族間，而金銀字交書《一切經》的記載可見於圓仁《入唐求法巡禮行記》，該書記載，唐五台山有此寫經活動，而中尊寺的金銀字交書《一切經》是日本唯一可見寫本，寫本在紺紙上以銀泥畫上界線，每隔一行以金字和銀字交替書寫。卷頭部分以金銀泥所畫的釋迦說法圖，及和經文相關的繪畫，是平安時代繪畫的珍貴資料。

另有《紺紙著色金光明最勝王經金字寶塔曼荼羅圖》（國寶）十幀，以細字寫經，一卷一塔，計十塔組成。雖是文字組成，但塔的各部都清楚，第一層釋迦如來正在說法。塔前聽聞佛法者群集。塔周圍有表現經典意義的畫作，人們相信這種寶塔曼荼羅可集寫經、造塔造佛、經典解說三種功德一次成就。

沉睡八百年的蓮花

人生短暫，繁華只如煙雲，轉眼即逝，縱使貴族也不能免，人們想要抓住的往往留不下，未曾想到會留給後人的，卻常出乎意料留下，做為藤原王朝的百年風華和文化榮景象徵的中尊寺，流傳至今的正是金色堂、紺紙金銀字經等遺品。

中尊寺蓮和大池蓮都在沉睡八百年以後，重新在人間佛國平泉散發出平安時代的香氣。此為大池蓮。（秦就攝）

一九五〇年，對安置金色堂中藤原四代的遺體進行學術調查時，發現第四代泰衡的首桶中有百來顆蓮子，歷經四十幾年復育，終於在一九九八年開花，並特命名為「中尊寺蓮」。二〇〇一年，以〈中尊寺建立供養願文〉為藍本，比對出來的大池跡進行開挖，在判定是藤原秀衡（一一二二～一一八七年）時代的堆積土層中又挖出蓮子，並在二〇〇五年復育開花，命名為「大池蓮」。中尊寺蓮花瓣較一般蓮花細薄，呈淡紅色；大池蓮同樣花瓣細薄，顏色比中尊寺蓮更淡，但花瓣前端色澤較深，和醉妃蓮較相似。兩者都在沉睡八百年後甦醒，散發出平安時代的香氣，供後人憑弔藤原王朝四代的繁華。

❶ 原句：「五月雨の降り残してや光堂」。芭蕉在梅雨季來到中尊寺，雖知古蹟在歷史長河終將毀滅，但見到光堂無恙，仍甚感安慰。

❷ 天井即日文天花板之意。折上格天井為格子狀天花板，邊緣做出弧形曲線，天花板中間以方格組成，仰看如棋盤。

❸ 長押是指日式建築門框上的裝飾用橫木。

❹ 在印度原本編花環供佛，套在佛像的頭、手臂。後來演變為以金屬、皮革、木材等模仿華鬘以裝飾佛堂。

❺ 願文的原本不傳，現存者為一三三六年時北畠顯家所寫，及一三二九年藤原輔方所寫的寫本。

❻ 根據寺傳記載，則認為是基衡所寫。

遠野
常堅寺

民 話 故 鄉 河 童 淵

遠野是日本人人皆知的民話故鄉，
這要歸功於柳田國男的《遠野物語》
將遠野的河童傳說公諸於世。
河童和鬼、天狗為日本最著名的怪物，
常堅寺也因河童出現惡作劇
而有了獨一無二的河童狛犬，
還有河童常出沒的河童淵，
已成了遠野最重要的觀光景點。

https://www.jalan.net/kankou/spt_03208ag2130014398/
add. 岩手縣遠野市土淵町土淵7-50
tel. 0198-62-3322

常堅寺本堂除了供奉釋迦如來，因屬曹洞宗，故也供奉日本曹洞宗開山祖師道元禪師。（秦就攝）

日本本州東北岩手縣是日本面積僅次於北海道的行政區，在這偌大的地域中穿梭，除了世界文化遺產平泉諸寺之外，如果想進一步了解日本人的民族性，遠野是個不錯的選擇。

坐計程車前往遠野常堅寺途中，聽司機說附近山裡到現在還經常有熊出沒。不禁想到，也許松尾芭蕉在寫《奧之細道》時，為何遠眺這裡而未親身深入。因為封閉，這裡保存了豐富的日本民話（民間傳說）與信仰，待柳田國男的《遠野物語》一出，遠野便成為人人皆知的民話故鄉，其中遠野的常堅寺甚至還傳說有妖怪出沒，到底是何妖怪？真相為何？讓人想一探究竟。

南部道上的遠野

由松尾芭蕉的《奧之細道》知道他離開松島瑞巖寺，想直接到平泉，卻因所到處人煙稀少，兔芻蕘往，不辨道路，終入迷途，而抵港埠石卷。沒想到來到此地，竟投宿無門而陷入窘境。

松尾芭蕉在平泉之後，「遙望南部道，投宿岩手里」，便往出羽國前進。關於「南部道」有多種說法，多數解為往南部氏城下町盛岡地區的通道，另外也可指南部街道，包括現今遠野市到氣仙郡的街道都可如此稱呼，所以他所指為何未有定論。不管如何，這一帶都是當時南部藩的領地。由於連通往石卷的大港都無路可辨，所以南部道

松尾芭蕉曾在主屋和馬廄結為一體的房子投宿，此為遠野傳承園中的「曲家」。（秦就攝）

上的遠野狀況應該相似，松尾芭蕉對這一帶只有眺望，未進一步往前走。

當時遠野比現今的人口更少、更荒涼，那一帶的傳統農家發展出特殊的建築樣式，就是將主屋和馬廄結為一體，兩者呈L字型，稱為「曲家」，未建成L字型的則稱「直家」，這樣的設計可讓馬在寒天吹到廚房送來的暖氣，但缺點是主建築也因此容易跑進跳蚤、蝨子，松尾芭蕉在這一帶投宿時，深為困擾，還寫下徘句：

跳蚤虱子欺
馬兒尿尿答答滴
枕邊聲歷歷❶

表情和善的仁王像

至今，遠野四處仍是一片綠野，歷史悠久的常堅寺佇立其間，山號蓮峰山，屬於曹洞宗。創建年代傳說在室町時代的一四九〇年，開山為大聞秀宗禪師，是遠野的曹洞宗十二寺的筆頭❷。

常堅寺的仁王像（吽形），表情和善，完全不像怒目金剛。（秦就攝）

過寺前石橋即可見到常堅寺三門，是一座斗栱繁複而優美的八腳門。三門內立著兩尊高三點五公尺的白木仁王像（市文化財），相傳是慈覺大師所做，原是遠野市早池峰山妙泉寺之物，明治維新的廢佛運動使該寺廢寺，仁王像乃移至此，這兩尊仁王的最大特色是表情和善，渾然不像怒目金剛，阿形仁王有著一對困惑的眼神，吽形仁王的嘴形則像正在嚼著什麼東西。

三門門前的老杉木高約二十公尺，樹幹粗約八公尺，傳說是開山祖師所植。入三門右側有一座袖珍型的袴腰付鐘樓，袴腰指鐘樓、鼓樓下層下端有如梯形展開的部分，看起來像和服「袴」的外形，所以稱袴腰付。

本堂主供釋迦如來，因屬曹洞宗，故另供奉日本曹洞宗開山祖師道元禪師（一二〇〇～一二五三年）像（市文化財）。

狛犬和石獅的異同

常堅寺另有一堂宇稱「十王堂」，供奉地藏化身的閻魔十佛，堂前一對特殊的狛犬，在日本名聞遐邇。

狛犬是想像出來的生物，介於獅子及狗，多置於神社、寺院入口兩側或本堂正面，多左右面對而置；也有少數是背向所守的寺社，正對參拜者。

古印度在佛像兩側安置守護獸獅子像，到了日本為何變成狛犬？關於「狛犬」名稱的由來，有一種說法是，佛教的獅子傳入日本，日本人不曾見過這種新奇的生物，乃稱為「高麗犬」（發音和「狛犬」相同）。雖然以前有狛犬、獅子之分，但現在兩者都可稱為「狛犬」。

狛犬的造型，基本上是獅子演化而來的，狛犬和漢地、朝鮮的獅子，明顯不同之處在於日本的狛犬通常分張口的「阿形」、閉口的「吽形」（阿、吽為佛教的梵語真言，開口第一個聲音與閉口的最後一個聲音），尾毛向上如柏樹，又從前吽形狛犬頭頂常有角。狛犬的雕刻，都是前腳較長、直立著地，踏於須彌座，並沒有象徵物於腳下，跟狗的坐姿類似，比起獅子更

常堅寺中的正常狛犬（吽形），是有長角的較古老樣式。（秦就攝）

像狗。

狛犬的毛髮，雖然和臺灣常見的石獅那樣有捲毛，但臺灣的石獅毛的線條繁雜得多，日本狛犬雖也有裝飾花紋，但造型較單純。整體而言，日本狛犬較清瘦，臺灣石獅裝飾較多，且較渾圓。鎌倉時代後期，狛犬樣式開始出現簡化的傾向，昭和時代以後所做多沒有角，且狛犬無雄雌之分，不像臺灣石獅可以繡球、幼獅來區分石獅的性別。

在擺置方面，狛犬多是左右、面對面而置，不似臺灣所見石獅是兩隻同時面向外而置；就材質方面，從近世到現代，日本各地寺社建造了大量狛犬，現在各地寺社境內所見多為石製。

《遠野物語》的河童傳說

日本狛犬除了有類似獅子和狗的造形外，寺社也會因為地方與傳說的不同，而有不同的神獸，這些特殊狛犬多是神社所祀神祇的使者，如辨財天的蛇、大黑天的鼠、稻荷神的狐、春日神社的鹿等，而常堅寺的河童狛犬，在全日本更是只此一處，絕無分號。

為何會有河童狛犬？這和這一帶曾有河童出沒的傳說有關。而將遠野的河童傳說公諸於世的則是柳田國男在一九一〇年所發表的《遠野物語》，該書除了河童，還提及天狗、座敷童子、山男、神隱等傳說。

柳田認為妖怪故事的傳承和民眾的心理及信仰有密切關係，所以研究妖怪是理解日本歷史和民族性格的方法之一。《遠野物語》完成後果然成為日本民俗學的重要經典，也昭告了日本民俗學黎明期的來臨，民俗學在柳田的努力下，在二次大戰後變成大學的研究科目，柳田本人更被尊稱為日本民俗學之父。

柳田的《遠野物語》得以出版，受到另外兩個遠野人的影響，一是佐佐木喜善（一八八六～一九三三年），因柳田的書是整理佐佐木喜善所說出的民間故事而寫成的；另一個則是伊能嘉矩（一八六七～一九二五年），他鼓舞柳田，引發柳田對於民俗的關心。伊能嘉矩曾任臺灣總督府雇員，他走遍臺灣全島，進行人類學調查，並將對原住民的調查結果寫成《臺灣蕃人事情》。回日本後，又以故鄉遠野為中心進行調查研究寫成《岩手縣史》、《遠野夜話》等，因研究而和柳田、佐佐木等人交流，也影響了《遠野物語》的寫作，可惜他在臺灣感染瘧疾而亡，和他交情深厚的柳田乃將伊能嘉矩所留的臺灣研究遺稿出版為名著《臺灣文化志》。

柳田的《遠野物語》在日本引起相當大的回響，書中提及的妖怪，如今甚至在日本以外，都相傳甚廣，其中提過多次的河童，如今和鬼、天狗並列為日本最著名的怪物。

在許多動畫、漫畫中都可看到河童的身影，他們的外表像小孩，全身為綠色或紅色。頭頂圓形平滑無毛像碟子，通常有水滋潤，這淺碟子如果乾了或破了，河童就會失去氣力，甚至死去。嘴巴有短喙，背後有像烏龜般的龜殼，手足有蹼，卻沒有拇指。河童喜歡吃小黃瓜，因為這個傳說，日本還把捲著黃瓜的壽司暱稱為河童卷。

河童淵等待河童出沒

《遠野物語》有多則河童故事，其中一則和常堅寺有關。故事中寫道，某天，馬到水邊戲水，河童出現，想把馬牽入河裡。但馬因為力氣較大，河童反被拉入馬廄。那隻狼狽的河童雖然躲入水桶，但仍被這家人發現，河童答應今後不再對村裡的馬惡作劇，才得以回到河裡。

這故事還有後話，常堅寺旁的立牌說對馬惡作劇的河童，為了道歉，乃變為母子的守護神。而且在常堅寺火災時，河童還曾用圓碟頭頂裡的水幫常堅寺滅火，也因此寺中才會立有日本獨一無二的河童狛犬紀念。有趣的是，到此寺參訪時，河童狛犬的頭頂倒是沒水，卻積了不少錢幣，應是信眾對河童鎮

上／河童狛犬的頭頂倒是沒水，卻積了不少錢幣。（秦就攝）

下／河童淵的河童像，遊客還獻上河童最喜歡的小黃瓜。（秦就攝）

護伽藍所表達的感謝之意。

常堅寺後方約五十公尺左右的小溪名為「蓮池川」，小溪的水深之處，是河童可以潛水的深度，此處正是《遠野物語》中提到的河童淵，傳說從前常有河童出沒，現今則可說是遠野最重要的觀光景點，筆者到這裡參訪時，還看見幾個小朋友用竹竿綁

常堅寺後方的河童淵，小朋友正用小黃瓜引誘河童出現。（秦就攝）

著小黃瓜，像釣魚般，想引誘河童出現。

河童淵的水邊建有一小祠，祀河童神，傳說奶水不足的母親，可以向其祈求，祠中有女性奉獻的仿乳房外形的紅色布製填充物，正是這些人所獻。

遠野是個謎一樣的地方，處處有河童的痕跡，造景池裡有許多河童像，派出所外觀是河童，施工的工人所戴的工程帽，邊緣畫了一圈綠色山形的圖案，戴上後就便成「河童工事隊」，可免費出借的傘，絕不會忘了在哪裡借的，因為傘上同樣畫了一圈綠色三角形，而成為河童傘，當然車站的紀念印章也是河童圖案，紀念品「河童鼻屎」原來是花生巧克力球。

就像吳念真的電影使九份復活，山田洋次使柴又帝釋天變成知名的寺院，柳田國男使遠野成為日本民間傳說的故鄉，而最迷人的河童傳說則非到常堅寺一探不可。

❶ 原文：「蚤虱馬の尿する枕もと」。會有此句，靈感來源應是前日通過尿前關。蚤、虱、尿一般人絕不會拿來歌詠，而這正好表現了芭蕉俳諧的達觀精神，研究芭蕉的專家反而給極高的評價。

❷ 指某領域中最頂端的人。

尾花澤養泉寺

山寺

Chapter

4

出羽路

秋田蚶満寺

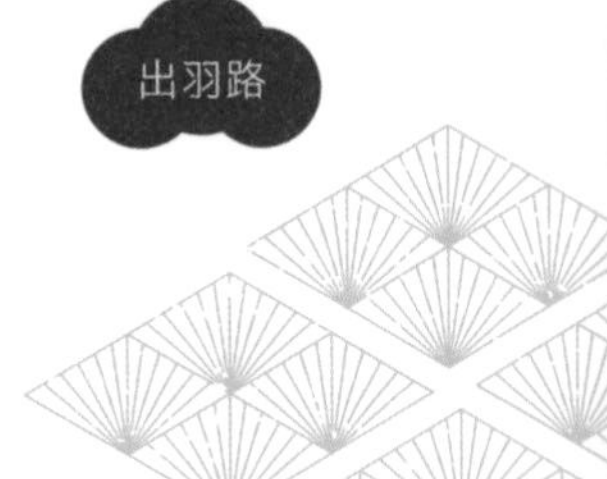

尾花澤
養泉寺

寺 迎 紅 花 曉 露 開

養泉寺為最上三十三觀音第二十五札所，
因日本俳聖芭蕉曾寄宿多晚，而聲名遠播，
加上寺院所在的尾花澤，
自古是胭脂原料紅花的集散地，
關於「鋸商」清風與紅花的傳奇也歷久不衰。

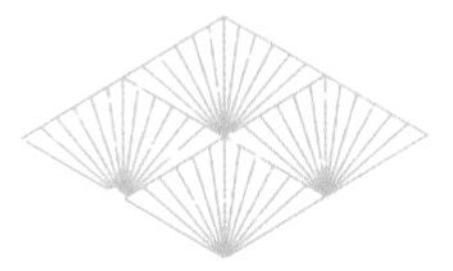

http://www.mogami33.com/guide/no25.html
add. 尾花澤市梺町二丁目4-6
tel. 0237-22-0669

養泉寺為最上觀音札所第二十五番，圖為本堂觀音堂。（秦就攝）

位於日本東北地方的山形縣，是個人口不多的農業縣，該縣在江戶時代最具特色的農產品，非紅花莫屬，至今紅花仍是山形的縣花，象徵山形人堅苦卓絕的精神。

芭蕉於一六八九年七月三至十三日待在尾花澤，是《奧之細道》旅程中停留最久的一站。芭蕉與曾良除了三夜住在俳人清風宅邸，其餘借宿當地弘誓山養泉寺。

最上三十三觀音札所之一

最上觀音札所據說可上溯至室町時代，各札所沿著最上川分布，皆位於風光明媚之處。尾花澤市內有六處札所，其中的第二十五札所弘誓山養泉寺，即松尾芭蕉寫作《奧之細道》時曾經造訪的寺院，他在該寺住了七晚，養泉寺伽藍在他到達的前一年才大整修。

養泉寺在江戶時代，屬於上野東叡山寬永寺的直屬末寺，故為天台宗寺院；舊堂建於一六八八年，主尊為木造聖觀世音，該像有個傳說：從前尾花澤一帶雜草叢生，毒蟲到處築巢害人害畜，行旅之人萬分苦惱，剛好慈覺大師圓仁來到此地，將他所雕的觀音像拿出來，祈願能消除災厄，滅絕毒蟲，之後果然無人再受其害，因此來參詣此像者，絡繹不絕。

明治維新以前，養泉寺擁有收入頗豐的田地，成為此地重要寺院，但在維新後，因為土地被沒收，寺運乃衰。一八九五年，尾花澤大

養泉寺觀音堂內部擺設與主尊的聖觀音像。（秦就攝）

火，觀音堂也被燒毀，幸運的是該聖觀音像被搶救了出來。

一九〇〇年，此寺重建，芭蕉在該寺時所見之物，只剩堂前古井。養泉寺門前的通道呈圓弧形，是一古道，乃從前大名（諸侯）出巡時，行列會經過的道路——羽州街道，今日汽車普及，捨曲取直，舊道被捨棄，但也因而保留了往昔街道的風情。

尾花澤位於山間盆地，夏季高溫多濕，令人難耐，但養泉寺地處最上川和丹生川間的高地，夏日可迎接兩河河谷的涼風，故是一處消除旅途疲累的絕佳之處。芭蕉客宿此處，果然精神為之一振，於是寫下俳句：

徐風傳清涼
客宿休息如我家
箕踞俗心忘❶

芭蕉腳程極快，卻在尾花澤慢了下來，還在此寺中寬心舒腿，適陣陣清風吹來，彷彿人在家中箕踞而坐，感覺無比自在，內外清涼。一七六二年，後人將芭蕉此俳句刻在碑上，立於養泉寺中，即所謂「涼塚」。

鋸商兼俳人的清風

芭蕉寫下這「徐風傳清涼」的發句時，用了「雙關語」的技法，他想表現的是「清風」。清風不但是清涼之風，也指商人鈴木道祐，他的店鋪名稱為島田屋，故人們稱他為島田屋八右衛門，俳號清風。芭蕉到尾花澤時，他值三十九歲，略小於芭蕉。

清風經常往來於江戶、京都、大阪各地，販賣尾花澤的農產品，再從各地採購山形百姓需要的日常用品帶回販賣，如同鋸子般，這一來一往販賣不同物品而兩頭得利，人稱這類商人為「鋸商」。

清風雖是商人，但愛好文藝，閒暇時學習俳諧，原屬談林派俳人。談林派是江戶初期連歌師俳人西山宗，為對抗松永貞德的貞門而發起的俳諧流派。貞門堅持傳統，注重形式；談林派則追求清新奇巧，不拘形式而盛行一時。清風勤習俳諧，儼然尾花澤之宗匠。

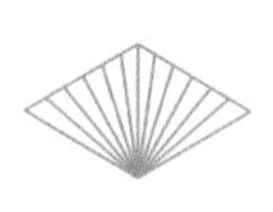

一六八五年，清風與芭蕉相識於江戶，在《奧之細道》一書中，芭蕉對他的描述是：雖是富裕之家，但心志純而不俗。芭蕉到尾花澤後，便去訪清風，但清風當時甚忙，沒時間一路相陪，便請俳友村川素英幫忙接待。

素英熱情招待芭蕉及其弟子曾良，還請他們到家裡喝「奈良茶」，那原本是奈良東大寺和興福寺的僧坊中所吃的茶粥，這種稀飯是在煎茶茶水中加入少量的鹽，然後和米飯一起炊煮而成。

除了旅遊、寫詩，芭蕉的日常之一是和各地俳人交流，他在素英等人協助下，除了努力傳授蕉風俳諧，也聽到不少地方上的習俗，故在《奧之細道》尾花澤章段的四句中，即有兩句和蠶有關，許是交流的俳人之中有養蠶農家。

紅花的集散地尾花澤

芭蕉備受清風禮遇，卻安排芭蕉住在養泉寺是何因？原來當時正值島田屋一年中最忙碌的時期，店內人來人往，喧鬧不已，清風乃安排芭蕉寄宿養泉寺。

清風到底在忙什麼？這得從胭脂說起。位於今甘肅永昌縣、山丹縣間的焉支山，在古代原是匈奴生息處，漢武帝派大將霍去病攻打匈奴時奪下此山。匈奴人悲嘆：

亡我祁連山，
使我六畜不蕃息。

失我焉支山，
使我婦女無顏色。

為何失去焉支山，匈奴婦女無顏色？原來焉支也寫成煙支、燕支、胭脂等，焉支山為盛產紅花之地，兩千一百多年前的匈奴女子，就已知用紅花做胭脂，且製法後來輾轉流傳到中原、日本。

江戶時代中期，山形最上川流域的紅花栽培面積急速擴大，尾花澤則因多雪且融雪較晚，趕不上紅花播種期，且當地養蠶興盛，紅花摘取和蠶繭的加工時期重疊而無人力栽培，故紅花產地主要在尾花澤南鄰的村山市地區。最上川是村山地方的母親河，當地有「紅花在河霧籠罩處，煙草在山霧所在地」之說，因河川沖積成的肥沃土地，正是利於紅花生長的地方。

芭蕉拜訪清風時，正值紅花採收交易期。採花女黎明晨露未晞時即採摘紅花，此時紅色素作用較強，且紅花有刺，從前沒塑膠手套，都直接用手採摘，此時花刺較軟，可減少刺傷。因花期集中，採完一輪，回頭再看，無奈新花又已冒出，採花女只好忍傷再摘，所以有人說原本黃中帶橙的紅花，之所以會變紅，都是採花女的鮮血染成的。

採下的紅花，經水洗、踩踏、曝曬、風乾、發酵後氧化成紅色，接著便做成一片片花餅，因此時也是山形的梅雨季節，採花女既要採收，又要忙著收拾正曝曬的花餅以防發霉，可謂兩頭忙，一刻不得閒。

尾花澤雖非紅花產地，但卻是各地紅花的集散地，因當時尾花澤屬天領，也就是幕府的直轄地，又是往來仙台、山形、新庄的樞紐、羽州街道的宿驛，離最上川河港大石田也近，可將貨品利用船舶運出，從而使「最上紅花」遠近馳名。

紅花是山形縣的縣花，圖為以帶刺的紅花排拼出的山形縣地圖。（秦就攝）

清風的販花傳說

俳人清風是最上紅花的收貨、批發商，也是兼營農民借貸的金融鉅子，關於清風商業傳奇，以發生於一七〇二年夏天的事最著名。

江戶時代有「紅一匁金一匁」[2]的說法，可見花餅價格之貴，這是因製造一個掌心大的胭脂，即需要兩百斤的花瓣，故紅花製品非一般人所能消費。這年江戶的批發商決定組拒買同盟，想逼迫清風降價。清風知曉後氣憤地說：「如果沒人買的話，這些貨物帶回去也沒用……。」

他做出一個出乎大家意料的決斷，將貨物全堆到品川海岸，在眾目睽睽下，將花餅全數放火燒掉！

清風寧願銷毀紅花，而落得鉅額虧損，也不願降價，這消息很快傳遍大街小巷。

「怎麼辦？」「這怎麼得了！」拒買同盟的商人，個個惶惶不安，到最後決定搶購僅剩的紅花，導致紅花價格一夕暴漲！

然而，清風在海邊所燒的並非真正紅花，而是刨木屑，他放火燒花不過是一場商業表演，真正的上等紅花仍堆在他的倉庫中，紅花價格飛漲後，他才搬出紅花，從中獲得鉅額利益。為了確保該有的獲利，清風不得不做出這樣的舉動。

畢竟紅花是胭脂的主原料，女子塗上胭脂，便有了氣色與光彩，據說芭蕉在離開養泉寺，在前往山寺途中，看到羽州街道及山寺街道沿路的紅花田，於是寫下俳句：

一支掃眉刷
想見妝扮女兒家
燦燦紅粉花❸

一見掃眉刷，不禁令人聯想起敷粉妝扮的女子，即將在刷眉後塵盡光生的模樣，啊！盛開的紅花。

❶ 原文：「涼しさを我宿にしてねまる也」。

❷ 匁是日本貨幣的單位，一兩銀子的六十分之一。

❸ 原文：「まゆはきを俤にして紅粉の花」。掃眉刷日文寫作「眉拂」的竹管製化妝道具，長約六公分、徑約三公分，兩端植白兔毛，用來拂拭敷粉後的雙眉。

新庄

離開尾花澤後，松尾巴蕉來到大石田，準備坐船下最上川。江戶時代該地屬新庄藩，新庄是羽州街道的宿驛，位於最上川中游的新庄盆地，大石田則是最上川水運的主要貨運集散港。新庄現為山形新幹線的終點站，最上地方的中心都市。另外和岩手縣遠野市並列為東北地方民間故事的寶庫。

最上川兩岸山勢傾覆，白糸瀑布在綠葉間垂落，岸邊則有仙人堂。水勢湍急，險象環生，因而有句：

五月雨潸潸
注入河中成急湍
滾滾最上川

此句原文：「五月雨をあつめて早し最上川」。芭蕉對在最上川坐船描寫，不禁令人聯想起李白的詩句：

朝辭白帝彩雲間，
千里江陵一日還。
兩岸猿聲啼不住，
輕舟已過萬重山。

拜芭蕉所賜，最上川泛舟已成該河的例行水上活動，圖為芭蕉所提到的仙人堂。（秦就攝）

山寺

芳 菲 盡 時 有 蟬 喧

立石寺因整座寺院的伽藍建置在陡峭的寶珠山上，
因此通稱為「山寺」，
由開山慈覺大師闢為天台宗的靈地，
因奇岩林立，又多洞窟，成為國指定史跡，
俳聖芭蕉的造訪，更讓山寺聲名大噪。
山寺與瑞巖寺、毛越寺、中尊寺合稱為道奧四寺，
且被規畫成四寺迴廊之旅。

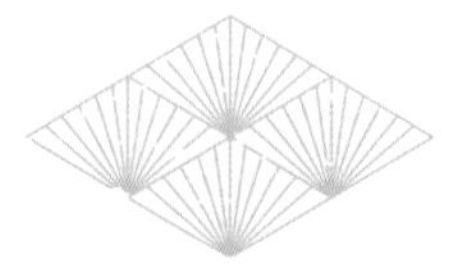

http://www.rissyakuji.jp/
add. 山形縣山形市山寺4456-1
tel. 023-695-2843

山寺常行念佛堂。其旁鐘樓，是招福之鐘，每年除夕到元旦，總有數千參拜者為求幸福而敲此鐘。（秦就攝）

立石寺，通稱山寺，是位於山形縣山形市的天台宗寺院。因慈覺大師圓仁入定窟及曾出現於松尾芭蕉《奧之細道》而出名，不但是著名的佛寺，也是日本的國指定史跡、名勝。山上視野極佳，適於瞭望四周壯麗風光，故已畫入藏王國定公園，是日本東北首屈一指的觀光勝地。

行萬里路丈量信仰

根據寺傳，八六〇年清和天皇敕命慈覺大師圓仁開山而建立石寺。慈覺大師圓仁是天台宗第三代座主，日本「入唐八家」❶之一。他生於富豪之家，哥哥勸他學儒學，但他心寄佛法，九歲入大慈寺，師父廣智是鑑真大師弟子道忠的徒弟。十五歲時，聽到傳法大師最澄自唐歸國，並在比叡山開延曆寺，慈覺大師圓仁立刻到該寺師事之，此後深受最澄倚重。

八一六年，圓仁法師隨師巡遊東國，訪故鄉下野。最澄此次巡遊，使天台宗法華一乘教法拓展至全日，並選取六處建立寶塔。接著圓仁法師決定步最澄大師後塵入唐。

八三六年，圓仁法師第一次渡唐失敗，第二年再失敗；八三八年六月十三日由博多（今福岡）出港成功，圓仁法師的名著《入唐求法巡禮行記》即從這天開始記載。從博多志賀島❷出發抵揚州，共航行八天。一同入唐的船隊中的一艘遇難，圓仁法師所乘船雖無事，但因操舟技巧不佳而撞上岸，圓仁法師全身濕透，狼狽登陸。

圓仁法師隨最後一批遣唐使船入唐，原本的身分是請益僧，也就是入唐留學僧中的短期停留者。他原訂朝天台山，但唐官府未給許可，使他陷入空手而回的窘態，由於外國僧侶滯唐需唐皇許可，他多次表明希望留下，卻不得其門而入，他只好脫離遣唐使一行違法滯唐。這時據說小時曾在天台山見過最澄大師的年輕天台唐僧敬文，聽說有日本高僧從揚州來的消息，生起懷念之故情，特地前來尋圓仁法師，此後在圓仁法師滯唐期間，都對他多所照應。

離開遣唐大使一行後，圓仁法師自稱新羅僧，村人對這不諳漢語，又不懂新羅語的怪僧有所警覺，便報官來抓他回到遣唐大使處。

此後圓仁法師受到在唐新羅海商張寶高，以及在山東新羅人社區的幫助，終於獲得官府通行許可，並經由張寶高捐建的赤山法華院中的新羅僧聖林法師介紹五台山，於是他便以五台山為新的朝山目標。

八四〇年，他以四十七歲之齡，在步行約一千兩百七十公里後到達五台山，並登上標高超過三千公尺的最高峰北台山，成為造訪五台山的第二個日本人❸。

圓仁法師受到五台山長老志遠法師熱情接待，在五台山得到有關《法華經》和密教整合性等「未決三十條」的解答，以及鈔寫尚未傳入日本的五台山所藏佛典三十七卷。並在南台濃霧深山中，看到「聖燈」奇瑞，他認為這是文殊菩薩的示現，從而堅定了他的信仰力量。

接著圓仁法師毅然花五十三天，步行一千一百公里前往當時最先進文化的發射基地——長安。在大興善寺接受元政和尚灌頂，又在青龍寺接受義真和尚灌頂，並傳授他胎藏界《大毘盧遮那經》大法和蘇悉地大法。

此外，圓仁法師又以六千文代價請長安畫師王惠畫金剛界曼荼羅，得到曼荼羅當晚，業已圓寂的最澄大師在他夢中出現。夢中他手拿曼荼羅，高興地在師父面前流下眼淚，正要拜下時，最澄大師制止他，反向他深深禮拜，只為日本台密還沒有金剛界曼荼羅，而他達成了師父的心願。

圓仁法師的壯舉達成後，向唐官府表達回國意願達上百次，卻都被回絕，其間他痛失入唐五年多以來同甘共苦的弟子惟曉法師。但他無暇浪費時間，等待歸國期間，仍致力學習梵文、抄寫佛典。諷刺的是不久之後發生會昌法難，驅逐外國僧人，他因而得以歸國。

此時大唐帝國已是強弩之末，包括長安也治安惡化，騷動不斷，他帶著曼荼羅和數量龐大的經卷，決定半夜離開長安以保安全，不想竟有眾多長安人夾道送別。

回國的船隻由張寶高的部下張詠用公款為他建造，卻遭告密，以致無法用以歸國。還好圓仁法師尚平安在世的消息及時傳回日本，於是比叡山弟子性海法師為迎接他而專程來唐，最後他們坐新羅商人的貿易船回到博多。八四七年九月十九日，日本朝廷賞賜將圓仁法師平安帶回的新羅商人，長達九年六個月的日記《入唐求法巡禮行記》至此擱筆，圓仁法師時年五十四歲。入唐期間他每天約步行四十公里，該書成為日本最早的遊記，包括生動記錄會昌法難的情形，以史料價值高而揚名國際❹。

坐擁壯美風光的伽藍

入定窟

因慈覺大師圓仁對佛教弘揚的貢獻，且曾在八二九到八三二年間巡錫東國，故據說關東至今有超過兩百間、東北超過三百間寺院尊其為開山祖師，其中山寺和慈覺大師因緣極深，因寺中保有相傳是安置圓仁舍利的入定窟。

圓仁頭像木刻

八六四年，慈覺大師圓仁圓寂於比叡山，雖然沒有遺骸移至立石寺的明確記載，但由入定窟上所立的「如法經所碑」（重文）中可得知，十二世紀已有大師入定於此的傳說。一九四八年開始的調查，發現貼金箔的木棺（重文）和人骨，以及疑是圓仁頭像木刻（重文），從眼、鼻特色及製作年代判定此頭部木雕應是慈覺大師圓仁像。

比叡山延曆寺的分燈

一五二〇年，山寺遭兵火幾乎

山寺石階盡處的右側是俗稱奧之院的如法堂，左側為大佛殿。（秦就攝）

全毀，甚至由比叡山延曆寺分燈而來的法燈也因而熄滅，於是再次分燈。一五七一年，織田信長（一五三四～一五八二年）攻打比叡山，延曆寺法燈反由此寺點燈回延曆寺。

立石寺是天台宗寺院，山號寶珠山，寺號為寶珠山阿所川院立石寺，本尊為藥師如來，自古相傳是斷惡緣之寺。伽藍主要有根本中堂、芭蕉句碑和清和天皇御寶塔、姥堂、奧之院和大佛殿、開山堂和五大堂、山內支院等。

根本中堂

進入登山口即可見重建於一三五六年的根本中堂（重文），是一座五間❺四面歇山

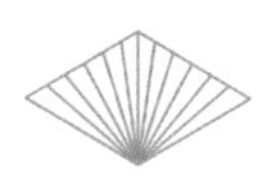

頂建築，以山毛櫸為建材，是日本這種建材中最古老的。根本中堂是保存良好的日本天台宗道場形式的建築，本尊相傳是由慈覺大師所做的木造藥師如來坐像（重文），堂中另有一木造毘沙門天立像已驗明是九世紀左右的作品，和圓仁大師頭部木像同是立石寺創建時代的證明。上述不滅的法燈，也位於此堂中。

清和天皇御寶塔

清和天皇御寶塔是山寺中最古老的石塔，其旁的日枝神社後方的大銀杏相傳是慈覺大師手植，已有千年樹齡，是山形市最粗的天然紀念物。附近又有芭蕉句碑，其上刻有松尾芭蕉《奧之細道》中訪山寺時所寫下的俳句：

青山本閑寂
蟬蜩嘒嘒鳴石壁
聲聲滲岩裡❻

此俳句讓人想起南朝王籍的詩〈入若耶溪〉：「蟬噪林逾靜，鳥鳴

俳聖芭蕉和山寺句碑，紀念俳聖曾來訪山寺。（秦就攝）

山更幽。」因為立石寺伽藍散於蒼鬱林中，夏日蟬喧不斷，反而表現了此寺的幽靜、遠離塵囂。

三門

鎌倉時代所建的三門是往奧之院等處的登山入口，到奧之院為止有八百級以上的石階。三門右側的殿堂是常行念佛堂，到訪者可參加在此的修行活動，其上方有鐘樓，是著名的除夕招福鐘。

姥堂

接著來到的姥堂，本尊為奪衣婆石像。堂邊石縫中冒出的清水可清濯心身，從前人們在這裡換穿新衣後繼續登山，而衣服則獻給堂內的奪衣婆；相傳此堂以下為地獄，以上為極樂淨土口。由這裡逐級而上，欲望和汙染也漸次消滅，進而得以明朗的態度來面對人生。

彌陀洞

彌陀洞有經過風雨切削而成的直立岩石，外形有如阿彌陀如來，高約四點八公尺，故稱丈六阿彌陀，傳說能看出此洞像佛的人，不久幸福就會來報到。彌陀洞可仰望仁王門，門左右安置的帶著怒容的仁王尊像，不准人們帶邪心入山。此門雖立小小山徑之中，但造型優美，是遊客猛按快門的地方。

如法堂與大佛殿

爬完山寺八百多級石階，盡處是兩座建築，右側較舊的殿堂即俗稱奧之院的如法堂，主尊有二，一為相傳是慈覺大師在唐修行時隨身所攜的釋迦如來，另一是多寶如來；如法堂左側的大佛殿則供養像高五公尺的金色阿彌陀如來像。

五大堂與開山堂

五大堂供養五大明王，是祈求國泰民安的道場，也是山寺視野最佳的瞭望台。原已精疲力竭的訪客，可在此眺望周邊景色，精神必然為之一振。面開山堂左側岩石上的紅色小堂則是收藏寫經的納經堂（縣

歲月風雨刻削出此彌陀洞中的丈六阿彌陀如來，據說可以看出是彌陀者，幸福就會降臨。（秦就攝）

開山堂和納經堂（紅色小堂）是山寺著名景點，也是視野最好的地方。
納經堂正下方巨岩中有入定窟。（秦就攝）

文），是山內最古老的建築物，納經堂正下方即是入定窟。

立石寺除了這些伽藍，還有不少山內支院，包括性相院、金乘院、中性院、華藏院等。

禪意飄飄的山中小徑

山寺入、下山隨處可發現一些具有禪意的景點，例如初訪山寺時，巧遇每年一度的磐司祭。此祭典的由來相傳是慈覺大師圓仁開山時，曾在大石上遇當地獵人磐司磐三郎，大師告訴他希望在此求一處廣弘佛法的根據地，磐司竟爽快答應，山中動物得知獵人不再在此山打獵，竟歡喜跳舞以謝磐司。從此該大石名為對面石，該石位於入寺前的店家旁，每年山寺舉辦的磐司祭，即由各地前來的團體，表演獅子舞以紀念此事。

石階構成的參道有一處蟬塚，是寫有松尾芭蕉俳句的詩箋埋藏處。又參道最窄處僅約十四公分，卻不拓寬，還特別取名「四寸道」，也稱為親子道或子孫道。說這是修行者的道路，用這樣的隘徑讓人緬懷慈覺大師走過的足跡，而信眾的祖先、子孫也都曾走過或將走過這小徑。

雖然爬石階辛苦，如果問我是否願意再次造訪山寺，我會回答：「我願意！」只因那裡小徑的蟬聲、寬闊的視野與慈覺大師的故事。

❶ 八家分別為：最澄、空海、常曉、圓行、圓仁、惠運、圓珍、宗叡。

❷ 博多志賀島位於日本九州第一大都市福岡博多港外。是古代日本往亞洲大陸、半島著名的出發點，在日本歷史上占重要位置。一七八四年島上農民發現漢委奴國王金印。

❸ 第一位訪五台山的是和最澄大師一起入唐，未能回國就客死五台山的靈仙三藏。

❹ 曾和漢學家費正清一起在哈佛大學開設東亞文明課程的美國著名的史學家、外交家、日本問題專家賴世和（Edwin Oldfather Reischauer，一九一〇～一九九〇年）因研究《入唐求法巡禮行記》獲哈佛大學哲學博士，並對此書極推崇。

❺ 與「間」、「開間」相通，意指街屋建築面闊單元。

❻ 原文：「閑さや岩にしみ入る蝉の声」。

秋田 蚶滿寺

昔 日 滄 海 今 桑 田

位於日本東北秋田縣的蚶滿寺，
寺名由來充滿傳說，
更特別的是，所在地貌曾乾坤大挪移，
在江戶時代，發生大地震，海一夕之間不見了，
現今，蚶滿寺四周是一片稻田。
此地更因俳聖松尾芭蕉而聲名大噪，
也是《奧之細道》的最北之地。

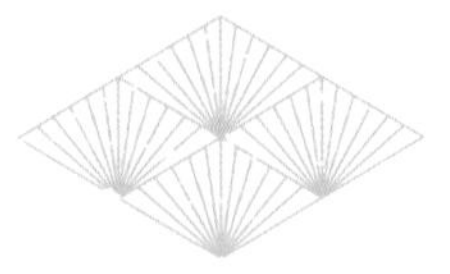

http://www.akitafan.com/archive/tourism/322
add. 秋田縣仁賀保市象潟町象潟島2
tel. 0184-43-3153

蚶滿寺的三門外觀蒼古，也是此寺最有味道的建築物，推定是江戶時代中期所建，三門內仁王像相傳是矢島藩主生駒家所獻。（秦就攝）

蚶滿寺，位於日本東北秋田縣仁賀保市，屬曹洞宗寺院。因寺院臨近日本海象潟海岸，附近海面散布眾多小島，而與松島並稱，所謂「東松島、西象潟」，自古吸引不少文人墨客到訪。尤其松尾芭蕉參訪此寺，將此地景色喻為中國古代美女西施，更使蚶滿寺留名青史。

但若現刻站在蚶滿寺前，別說小島，連一絲海的景象也看不到，這中間到底發生了什麼天翻地覆的變化？

慈覺大師與神功皇后傳說

西元八五三年，相傳天台座主慈覺大師圓仁創立蚶滿寺，因此地有神功皇后❶傳說，故此寺全稱是皇宮山干滿珠寺。

根據《蚶滿寺緣起》的記載，神功皇后在征伐三韓的回程中，因遇上惡劣天候，漂流到象潟外海，當時皇后即將臨盆，情況危急，還好最後平安生下皇子（後來的應神天皇），其後她在象潟停留半年，直到第二年才離開。

「蚶滿」的寺名以漢文來看，實在不明其意，根據日本著名的歷史小說家司馬遼太郎在《街道紀行》系列〈秋田之卷〉，關於此寺寺名的解釋，他認為蚶滿之名是因「象潟」古代也寫成「蚶方」，而「方」後來又寫成「万」（萬的簡寫），而萬和滿的日文發音一樣，故寫成蚶滿寺。

一二五七年，鎌倉幕府五代執權

透過《古象潟圖》，可見昔日「九十九島、八十八潟」的美景。（秦就翻攝）

北條時賴[2]訪象潟，捐給此寺大片寺領（寺院領地），並改為禪宗寺院。一六九七年起，成為曹洞宗加賀大乘寺（位於石川縣金澤市）的末寺，主供釋迦牟尼佛。

江戶時代的蚶滿寺十五代住持無學絕宗（一六〇八～一七三一年）曾開僧堂，是名僧齊聚的曹洞宗叢林，以「羽海法窟」[3]而名滿天下，蚶滿寺成了秋田縣境內既有歷史又知名的寺院。

《奧之細道》的最北之地

一六八九年，日本俳聖松尾芭蕉到寺，並將參訪所得寫入《奧之細道》，也是此書中所記載的最北之處。當時芭蕉已閱盡江山水陸風

芭蕉訪蚶滿寺時，所坐舟泊船時所繫石「舟繫石」，遠方有松樹處，古時均為小島。（秦就攝）

光，但一直在心中占有一席之地、參訪念頭揮之不去之地卻是象潟。

芭蕉到象潟時，日影已西斜，晚潮加上起風，眼前只見塵沙飛揚，陰雨天氣，更讓所有景物都籠罩在朦朧之中。他和弟子在暗中摸索，即使「雨亦奇」，但雨後晴空更值得期待，他不得已乃「容膝」於漁家茅屋中等待雨霽。

從這短短的描述中，我們得知芭蕉對漢籍相當熟諳。從「雨亦奇」和文脈來看，他可能化用了曾兩次擔任遣明使赴明，被稱為五山文學最後巨匠的策彥周良（一五〇一～一五七九年）所著《南遊集》的〈晚過西湖〉詩：「餘杭門外日將晡，多景朦朧一景無。參得雨奇晴好句，暗中模索識西湖。」

但策彥周良所參「雨奇晴好句」顯然指蘇東坡的〈飲湖上初晴後雨〉：「水光瀲灩晴方好，山色空濛雨亦奇。」

芭蕉文中所提的「容膝」比喻居處狹小，陶淵明在〈歸去來辭〉中「倚南窗以寄傲，審容膝之易安」，即是此用法。

第二天早上，雨霽天晴，豔陽高照，芭蕉乃泛舟象潟；捨舟登陸到蚶滿寺，舉目便看到西行法師所詠和歌中，提到的櫻花老樹。

接下來，芭蕉坐在蚶滿寺的方丈內看著眼前景色：

簾捲而風景盡入眼中，南有鳥海山插天，其陰映於江海之上。

將山容水意刻畫得極富詩意，尤其「捲簾」意象，從初唐王勃〈滕王閣詩〉：「畫棟朝飛南浦雲，珠簾暮捲西山雨」、盛唐李白的〈怨情〉：「美人捲珠簾，深坐顰娥眉」、中唐白居易的〈香爐峰下新卜山居草堂初成偶題東壁〉：「遺愛寺鐘攲枕聽，香爐峰雪撥簾看」，到晚唐杜牧的〈贈別〉：「春風十里揚州路，卷上珠簾總不如」等，唐詩中屢屢出現。或許捲簾、撥簾意象，給人想一睹廬山真面目的期待心理，符合日人委婉間接的文化傳統，所以清少納言（九六六～一〇二五年，平安時代女作家）的《枕草子》也談論了上述白居易詩捲簾看雪的佳話。

芭蕉在蚶滿寺方丈看到的象潟是：

灣中縱橫僅一里，貌似松島而又有異。松島如笑，象潟如怨。其寂而含悲，乃因地勢令人心生煩惱。

於是寫下俳句：

象潟細雨中
猶似西施鎖眉容
合歡濕濛濛[4]

前述蘇東坡詩，後兩句也把西湖比西施，「欲把西湖比西子，淡妝濃抹總相宜」，而芭蕉則把象潟比西施。

芭蕉在雨中看到那閉合的合歡，聯想起因病苦而顰眉的西施；芭蕉在象潟看到的陰沉天氣，猶似西施被送入敵王後宮的哀怨心情。

象潟既是潟湖，自然沒有日本海應有的激浪，卻也有日本海獨特的陰暗，加上細雨霏霏，使得被雨淋身的芭蕉，眼裡所見盡是蕭然的景色。

事實上，芭蕉在雨中看過象潟風光後，便生了一場病，在酒田休息多日，才又繼續完成他《奧之細道》的旅程。

文化大地震與重建

景色不會因詩人的心情而減損了它的美麗或增加其哀愁，「九十九島、八十八潟」、或「東松島、西象潟」都在說明象潟美景可和松島並肩。一八〇四年，這美景竟一夕

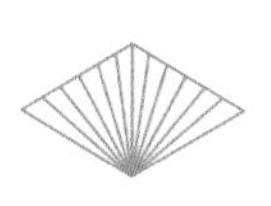

之間消失不見。

原來象潟的特殊景觀是紀元前四六六年鳥海山火山爆發引發大規模走山，山陵崩入日本海而產生眾多小島，後因為堆積作用，淺海乃被沙洲隔成東西約二點二公里，南北約三點三公里的潟湖。

一八〇四年（文化元年），象潟發生「文化大地震」，海底隆起，之後開始陸化，當地藩主有意將之開發成水田。蚶滿寺二十四代住持全榮覺林（?～一八二二年）則極力主張九十九島應予保存，將蚶滿寺運作成閑院宮家❺的祈願所，希望朝廷威信能使開發運動停止。

一八一二年，蚶滿寺順利成為閑院宮家祈願所，但一八一八年覺林因此在江戶被捕，一八二二年死於獄中。一九三四年，因象潟記錄了火山活動，以及地震所產生的地質地貌變化，極具學術價值，故指定為國天然紀念物，覺林的保存運動到了現代反而實現。

如今蚶滿寺四周盡是稻田，散布其間且長滿松樹的小山丘，即是當年小島。春日插秧時節處處倒映水光，夏天秧苗抽長成深綠稻浪，秋天換上醉人的金黃衣裝，而冬日則往往鹽灑宇宙，極目所見皆棉白堆雪，可謂四季各有風情，唯春日田中注滿水時，江戶以前的象潟風光才彷彿重現人間。

訪遺跡憑弔歷史

今日的蚶滿寺建築稱不上古老，

但寺中卻有許多值得憑弔的遺跡，如芭蕉泊船處的「舟繫石」、親鸞上人（一一七三～一二六三年，淨土真宗宗祖）坐過的「腰掛石」、西行法師歌櫻、北條時賴所種的杜鵑等。

芭蕉來象潟時訪此寺，所坐舟泊船繫舟時的「舟繫石」猶在，只不見船，如果還有船，那就「陸上行舟」了。

親鸞上人的「腰掛石」，據說原在肥前島原（今長崎島原）西方寺，上人曾以此為石椅。怎會出現在這裡？原來，一七七七年，發生切支丹教（天主教）變亂，信眾原欲將此石送往蝦夷地（北海道），中途遇暴風而在象潟登陸，自此便置於此寺中。

芭蕉所提到的西行法師歌櫻，寺中仍可見到。西行法師是平安末、鎌倉初武士、僧侶、歌人，經常在日本各地旅行，留下許多和歌。相傳他為象潟留下的和歌是：

象潟落櫻埋波流
花上划過釣魚舟❻

北條時賴到訪時，知此地和神功皇后傳說有關，乃捐地重興此寺，相傳他在寺中所種的杜鵑存活至今，已有七百年以上歷史，奇的是從不開花。

蚶滿寺三門是木造懸山頂瓦葺的八腳門，外觀蒼古，推定是江戶時代中期所建，三門的仁王像相傳是矢島藩主生駒家所獻，因此寺是皇

蚶滿寺中的親鸞上人曾做為石椅的腰掛石。（秦就攝）

室（閑院宮家）祈願所，故瓦上有菊紋。此外，入寺即可看到的六地藏，是為供養在文化大地震中喪生的亡者。

蚶滿寺外所立的西施像。（秦就攝）

夫婦町與姊妹市

今天世界各國不同的都市之間，常結為姊妹市，例如蚶滿寺所在的仁賀保市和西施誕生地的浙江諸暨市就締結為姊妹市。但可曾聽過兩城鎮之間締結為夫婦市的？

象潟和松島是「夫婦町」，這不只是因芭蕉將兩地比較，背後還有一個感人故事。話說鎌倉時代，松島人蜂谷掃部膝下無子，便向觀音菩薩求子，後果生下一子小太郎，小孩十五歲時，掃部巡禮西國三十三觀音，途中認識一象潟商人，兩人相談甚歡，覺得就此分別實在可惜，乃決定結為親家，商人將女兒嫁小太郎。可是當商人之女以新娘之姿來到掃部家時，掃部卻告知她，他巡禮回家後，小太郎業已病死。商女說既然雙方父母已允諾他們結為夫妻，自己已是松島人，願留下來孝養掃部夫婦。掃部夫妻亡故後，她落髮為尼，改稱紅蓮，並將供佛之米做成煎餅施與村人，人們乃稱此餅為「松島紅蓮」，至今該煎餅仍是松島名產，而蚶滿寺中也立有貞女紅蓮尼碑。

所以，如到松島遊玩，口中吃著「松島紅蓮」時，可以想像和象潟女子有關；如到蚶滿寺一遊，也可追憶一下這出嫁到松島，令人敬佩的象潟女子。

❶ 神功皇后據說生於一七〇年，卒於二六九年，為日本古墳時代的皇族，日本歷史上第十四代天皇仲哀天皇的皇后、第十五代天皇應神天皇的生母，原名不可考，其和式諡號在《日本書紀》中被稱作氣長足姬尊，《古事記》則記為息長帶姫命。傳說她在仲哀天皇去世後曾長期攝理朝政，為日本史上首位女性君主，她曾三度出征朝鮮半島，但日本歷史學家對此人是否存在，仍多存疑。

❷ 當時日本征夷大將軍無實權，執權是實際上最有權力者，北條時賴出家後稱最明寺入道。相關事蹟，請參閱法鼓文化出版《禪味關東》。

❸ 秋田、山形，古時屬出羽國，蚶滿寺面海，故稱羽海。

❹ 原文：「象潟や雨に西施がねぶの花」。象潟海邊的合歡花被雨打濕滴水，讓人聯想起捧心皺眉的西施。其中合歡是季語。

❺ 是日本皇室過去曾存在的宮家，同時也是四世襲親王家之一，一七一〇年創設新宮家，一七一八年靈元法皇賜予直仁親王「閑院宮」的宮號與領地。

❻ 該和歌相傳是西行法師所作，原文：「象潟の桜は波に埋れて花の上漕ぐあまのつり舟」。

出羽三山

自古為修驗道的山岳信仰的中心地點，至今仍有眾多修驗者、參拜者。

山形縣庄內地方展開的月山、羽黑山、湯殿山合稱出羽三山，各有神社但為同一宗教法人，羽黑山頂的出羽神社有三神合祭殿，宗教法人的本部也置於此。

羽黑山三神合祭殿（重文）由後方的本

羽黑山三神合祭殿已指定為重要文化財。（秦就攝）

殿和前面的拜殿組成的複合建築。境內梵鐘（重文）上有「羽黑山寂光寺建治元年八月廿七日」刻銘，就中世以前的梵鐘而言，是僅次於東大寺的巨鐘，也是日本東北地方最大、有銘文的最古的鐘，殿附近的羽黑山五重塔（國寶）也是著名景點。

芭蕉在山上抬頭望月有感，而寫下：

嶺上清涼天
朦朧新月照層巒
半懸羽黑山

雲湧高如峰
分分合合四散崩
月山幻如夢

此二句原文分別為：「涼しさやほの三か月の羽黒山」、「雲の峰いくつ崩れて月の山」。芭蕉從羽黑山下來後，便經鶴岡到酒田。

酒田

芭蕉到象潟前先從新庄上船，順著最上川下酒田。

溫海山眺望
吹浦美景無處藏
風輕迎晚涼

前瞻河海岸
暑氣落日入滄瀾
滔滔最上川

原文分別為：「あつみ山や吹浦かけて夕すゞみ」、「暑き日を海にいれたり最上川」。酒田南有溫海山，北有吹浦，在此瞻前顧後，山海盡收眼底。因是航路要衝，曾盛極一時，有「西堺、東酒田」之稱。酒田的山居倉庫，原是米穀倉庫，外觀上為兩層屋頂以隔熱，倉庫內部有防止濕氣構造，包括一整排的櫸木也是用來遮陽防風，是利用大自然對倉庫進行低溫管理。內部地面除拌入鹽滷加固外並敷鹽，使內部溫度濕度更加穩定。酒田其也是著名的電視劇《阿信》的重要舞台，倉庫至今仍販賣其相關商品。

芭蕉揮別酒田後，沿著海岸走，還看到佐渡島，並寫下俳句：

怒海濤淼淼
橫亙蒼茫佐渡島
銀河星閃耀

原文為：「荒海や佐渡によこたふ天河」。

酒田的山居倉庫是當地著名的觀光地，原是米穀倉庫。（秦就攝）

小松那谷寺
醫王寺
全昌寺
天龍寺
金澤妙立寺
永平寺
願念寺

Chapter

5 北陸路

氣比神宮

本隆寺

大垣圓通寺

大垣全昌寺

醫王寺

守 護 名 湯 舊 伽 藍

日本的溫泉自古聞名，山中溫泉為扶桑三大名湯之一，
醫王寺為山中溫泉守護寺，主祀的藥師如來，
當地人暱稱為「御藥師樣」，
俳聖芭蕉在奧之細道旅途上曾留宿山中，
入泉泡溫，燕息多日，方始離去。

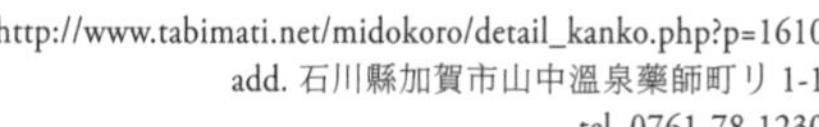

http://www.tabimati.net/midokoro/detail_kanko.php?p=1610
add. 石川縣加賀市山中溫泉藥師町リ 1-1
tel. 0761-78-1230

醫王寺為山中溫泉的守護寺，走入三門，風景秀麗一覽無遺。（秦就攝）

很多國人到日本是為了泡「湯」——溫泉，不過，生於江戶時代的俳聖松尾芭蕉，似乎對溫泉並不熱衷，在奧之細道之旅中，他和弟子河合曾良以驚人的速度行走，或許因終點岐阜大垣已在不遠之處而覺得安心，於是到了「山中溫泉」便暫留達八宿，才為參訪那谷寺而回到小松，並讓患腹痛的曾良先到大聖寺城的全昌寺。

醫王寺，山中溫泉的守護寺

芭蕉聽人說山中溫泉的療效僅次於有間❶，是扶桑三名湯之一，室町時代蓮如上人（一四一五～一四九九年）也曾為了溫泉特有的療效而停留此地。

芭蕉在此洗去一路的疲勞，並對該溫泉讚不絕口，因而寫下俳句：

山中有好湯
不折菊花壽自長
溫泉正飄香❷

據說溫泉「開湯」至今已超過一千三百年，天平年間❸由行基菩薩（六六八～七四九年）發現，並建了湯池，還請人雕一藥師如來像，置於湯屋二樓以守護溫泉。行基開基後，承永年間（九三一～九三七年）湯屋因兵災而燒毀，和溫泉一起荒廢。

到了建久年間（一一九〇～一一九八年），相傳鎌倉武士長谷部信連（？～一二一八年）發現

山中溫泉外觀特殊，相傳為行基菩薩所發現溫泉之處。（秦就攝）

負傷的白鷺在泡完溫泉後竟痊癒，於是挖掘白鷺所泡之地而湧出溫泉，長谷部信連於是重新開湯。這傳說也是ＪＲ北陸本線特急和北陸鐵道六〇一〇系列的電車被暱稱為「白鷺」的緣由。

相傳當年行基菩薩建湯池之處，即為現在的醫王寺。該寺位於石川縣加賀市山中溫泉藥師町，是高野山真言宗的準別格本山，建於藥師山上，山號國分山，塗朱多寶塔是該寺的特色，遠遠便可望見。拾級而上，來到醫王寺，更可一覽山中溫泉市街。

醫王寺做為溫泉守護寺，本堂主供的藥師如來，當地人暱稱為「御藥師樣」，當地民謠〈山中節〉也傳唱著該寺的藥師佛。

該寺寶物館收藏陶製金剛童子立像（重文）與〈山中溫泉緣起繪卷〉（町指定重要文化財）等寺寶。比較有趣的是，寺寶之中竟有一「奧之細道芭蕉翁所忘記帶走的木杖」，不知是否乃芭蕉參訪此寺時所留下？

紀念俳聖松尾芭蕉的山中芭蕉堂，是全日本俳人捐獻所建。（秦就攝）

醫王寺內另有一座庖丁塚，「庖丁」即是日文的「菜刀」。日本人對於幫他們謀生的工具都充滿敬意，即使最後功成身退，仍以感謝的心情將之獻給寺社，所以在日本往往可在寺社看到許多奇特的塚，例如筆塚、針塚、扇塚等。山中溫泉鄉的蟋蟀橋旁，有座紀念芭蕉的收費庭園「無限庵」，即有茶筅塚。

鶴仙溪旁的芭蕉堂

山中溫泉，一如其名，位於「山中」，溫泉街道被群山圍繞，旅人可徜徉在山谷、溪川之間，溫泉街沿鶴仙溪（即大聖寺川）興建，因是山中漆器的產地，所以除了溫泉旅館外，也有不少漆器店。

鶴仙溪有「北陸第一溪谷」之稱，正可感受南宋詩人楊萬里〈桂源鋪〉的詩境：「萬山不許一溪奔，攔得溪聲日夜喧。到得前頭山腳盡，堂堂溪水出前村。」

夏日近此溪谷，必可感覺溫度立時下降，令人神清氣爽，沿溪有適於散步的公共設施鶴仙溪遊步道，步道近溪床，鋪石平整，又有黑谷橋、綾取橋、蟋蟀橋等橋樑飛架溪上，可欣賞奇岩怪石聳立的河面，聆聽悅耳沁心的潺潺水聲，及眺望溫泉區隨四時變化的怡人景色。

從前眾多旅人都是通過那谷道，渡黑谷橋到山中來泡溫泉。芭蕉在山中溫泉散步時，稱讚黑谷橋一帶的風景說：「雲遊之樂，存焉山中。」故橋旁建有芭蕉堂，堂旁並立碑記載此事。芭蕉堂建於一九一〇年，祀俳聖松尾芭蕉，由全日本各地的俳人所捐款興建，已超過百年歷史。

❶ 有間，多寫作「有馬」，有馬溫泉在今兵庫縣神戶市北區有馬町。《有馬名所鑑》：「吾邦六十餘國，所有溫湯中，尤以此溫湯最負盛名。」

❷ 原文：「山中や菊はたおらぬ湯の匂」。謠曲《菊慈童》周國慈童飲菊露而得不老長壽，故以此為題材，讚山中溫泉之佳，可不必飲菊露也可長生不老。

❸ 句空編《干網集》（一七〇四年）：「加州江沼郡黑笠莊山中村之溫泉，天平年間（七二九～七四九年），泉州（和泉國）菅原寺行基菩薩見有紫雲掛北方空中，乃下尋，自敷地（菅生石）天神山望見此地，來而視之，有溫泉湧出。即闢湯池，名曰紫雲湯。且囑雕藥師像，高九寸，置之湯屋二樓。……今醫王寺也。」至於山中溫泉，芭蕉《真跡懷紙》云：「浴於加州山中湧湯。里人曰：扶桑有三名湯，此其一也。」

小松 那谷寺

白 山 風 月 似 仙 境

深受白山信仰影響的那谷寺，
自古除了是遙拜白山的最佳地點，
也因特殊的奇岩靈石地形，
讓俳聖芭蕉驚歎「奇岩遊仙境」。
今日，人們從信仰自然，轉而學習「自然智」，
那谷寺寺中小徑可見手拿掃帚的「讚美小僧」，
提醒我們隨手做環保，不忘善待大自然。

http://www.natadera.com/
add. 石川縣小松市那谷町ユ 122
tel. 0761-65-2111

金堂華王殿中主供丈六高的十一面千手觀音，是那谷寺舉行法會的主要殿堂。（秦就攝）

白山信仰是日本古代的山岳信仰，源自高聳於加賀國、越前國、美濃國（即現石川縣、福井縣、岐阜縣）的白山。秀麗的白山，自古即是詩歌所詠的對象，和富士、箱根並列為「日本三名山」。又，從白山流出的豐富泉水，流注四方河流，潤澤了廣大的田園，也使得當地的人們得以從事農業。因此，遠古以來，白山便如維繫生命的父母，使人們視之為水神、農業神，將白山視為神體，成為原始山岳信仰的對象，不但如此，古人同時崇拜發源於白山的九頭龍川、手取川、長良川等河流。

和白山信仰有關的那谷寺，位於石川縣小松市，是一座遠近馳名的寺院，俳聖松尾芭蕉參訪此寺後，將其寫入《奧之細道》之中。

泰澄開山與花山法皇中興

奈良時代，白山是日本修驗道信徒的信仰對象，是一處山岳修驗的靈山，那谷寺所在地有許多岩山和洞窟，人們認為進入這些洞窟，有如回到母親胎內，甚至主張在活著時，進入這些洞窟祈禱，可以洗清自己的罪過，從洞窟出來後，便如被清洗過般得以重生。

那谷寺一帶的岩洞面向白山，是遙拜白山的理想地點，據說遠自日本的繩文時代，就已是一處祭祀神明的靈山勝境。到了奈良時代初期，有「越之大德」❶之稱的泰澄法師（六八二～七六七年），生於

那谷寺的奇岩遊仙境的石窟中，佇立著許多小佛像頗有趣味。（秦就攝）

越前國麻生津（今福井市南部），十四歲出家；在七一七年，登上白山，感應到十一面觀音，乃命冶工鑄像，並供奉於石窟之中，同時取寺名為「自生山岩屋寺」。泰澄法師是當代名僧，後來他離開越前國，在各地弘揚佛法，朝廷念其功蹟，先後賜號神融禪師、正一位大僧正。

九八六年，時值平安時代中期，花山法皇❷行幸至此，因窟內發出光芒，感應到觀音三十三身。法皇於是說：「我所求的三十三處觀音靈場均在此山中。」因此取西國三十三所第一處那智山的「那」和第三十三處谷汲山的「谷」而改寺名為「那谷寺」，後世乃尊花山法皇為那谷寺的中興之祖。

到了日本時局紛亂的南北朝時代，此地因曾淪為戰場，一山堂宇盡歸灰燼。加上一向一揆❸後，許多僧侶和信眾改宗，更使此寺加速步向衰微，日本中世對那谷寺而言，真是一個艱困的時代。

時至江戶時代，加賀藩第三

代藩主前田利常（一五九四～一六五八年），感嘆此寺荒廢，於是在一六四〇年，受後水尾院（一五九六～一六八〇年）之命重建此寺，在岩窟內建立本殿、拜殿與唐門，另又建三重塔、護摩堂、鐘樓、書院等建築。

芭蕉觀奇岩遊仙境

江戶時代，俳聖松尾芭蕉來訪那谷寺，實屬此寺一大事。一六八九年，松尾芭蕉和弟子河合曾良在山中溫泉分別後，又回到數日前曾待過的小松，然後入山參訪那谷寺。芭蕉涉足寺內，面對奇岩靈石高聳的那谷寺，看到「奇岩遊仙境」，有如山水畫般的美景，不禁為之傾倒，於是動筆寫下俳句：

石山遍古松
危岩嶙峋鬼斧工
色白於秋風[4]

關於此句的「石山」，以前多解釋為近江的石山寺[5]，但現在則解為眼前風吹雨打的石山，使通過那裡的風更白了。

在松尾芭蕉書寫《奧之細道》時，那谷寺是欣賞蒼翠勁拔的古松勝地，可以想見秋風所過處，引發陣陣松濤，同時帶來秋風蕭瑟的涼意，激發了芭蕉的詩興。現今的那谷寺則是賞楓勝地，面對此勝景可能會有不同感觸，卻也見證了物換星移，對景觀風物的影響。

那谷寺三門是唐樣建築，十分古色古香。（秦就攝）

和樣伽藍處處風景怡人

明治維新後，受廢佛毀釋的影響，那谷寺一時困頓至極，直到昭和初期才有了重建與復舊計畫，今日的那谷寺，是高野山真言宗別格本山。

進入三門，迎接訪客的是排列在參道兩側，樹齡已達數百年的幽邃杉林，夏碧淹漫，高枝蔽空，樹根處盡是翠綠欲滴的苔蘚蕨薇，這綠絨毯爬上製造於江戶時代的石燈籠。

金堂華王殿是一九九〇年，睽違六百五十年後重建的殿堂，屬鎌倉時代和樣建築樣式，本尊是丈六高的十一面千手觀音，仰之彌高，極為雄偉，堂內四周有白山曼荼羅環繞，那谷寺的法會多在這裡舉行。

金堂旁的建物是普門閣，原是離

此寺約三十公里的白山山麓的一處家屋，原建物花了三年才完工，在北陸地區同樣式的建築中，可以說是首屈一指的。普門閣之名則取自《法華經．觀世音菩薩普門品》。內部現為寶物館，收藏展示了佛教美術品、古書，以及和前田家有關的茶道具等。

書院（重文）和庭園相鄰，欲參觀可買票由金堂進入。一六四〇年，前田利常重建那谷寺，武家風書院造的書院及現今的庫裡，在一六四九年左右最先完成，之後前田利常便住在這裡，指揮調度建造人員。

庭園名為「琉美園」，是一處令人佇足忘時的地方，以直立的不動三尊岩為中心，將整個庭園營造出深山幽谷之感，原本由加賀藩專門建造庭園的作庭奉行所營造，建造時曾由茶道遠州流之祖、人稱「茶人大名」的小堀遠州（一五七九～一六四七年）提供意見，近年復建完成。占據庭園景觀重要位置的粗削雪見燈籠，與以三角或四角的切石鋪排而成的飛石，配合上色彩豐富四季草花，既充滿變化又有調和感，加上位於庭院北西角的「如是庵」茶室，使整個庭園在樸素中又保有氣派，是一處著名的寺院茶庭，已由日本文部省指定為「名勝指定園」。

大悲閣與楓月橋風情

本殿（即拜殿、主殿，重文）稱

不動三尊岩組成的三尊石型，是琉美園最值得一見之處。（秦就攝）

大悲閣，建於一五九七年，松尾芭蕉在《奧之細道》中稱之為觀音堂，建築包括大悲閣拜殿、唐門，緣於觀世音菩薩慈眼視眾生的大悲誓願，故命名為大悲閣。本殿是依岩窟前的大岩壁而建造的舞台造建築，四方的欄間有浮雕，刻有鹿、鳳凰、鶴、松、竹、梅、橘、紅葉等花鳥，可見其用心。唐門建於本殿前的岩窟入口，本殿位於岩窟內，進入岩窟內稱為「胎內潛入」，裡頭有一廚子（佛龕），供奉那谷寺本尊千手觀世音菩薩。

三重塔（重文）建立於一六四二年，四方門扉、壁面等則雕刻上唐獅子的二十種形態和菊花，至為莊嚴，內供奉鎌倉時代那谷寺金堂的大日如來。

那谷寺中拿掃帚的「讚美小僧」的雕像，和此寺主張的「自然智」相呼應。（秦就攝）

楓月橋是前田利常生前即計畫興建，但當時無法如願，到了今日終於得以實現，曲折朱欄的楓月橋通往展望台，而該處正是寺內眺望「奇岩遊仙境」的最佳地點。

護摩堂（重文），建於一六四九年，壁面上刻有沉思、柔和、生天、凝視、喜悅、雅戲、正邪、問答等八相唐獅子，四面則為十二生肖動物及牡丹雕刻，內陣供奉平安時代的不動明王像。

鐘樓（重文），建於一六四九年，歇山頂的和樣建築，至袴腰上為石造；內吊著寬永時代從朝鮮請來的名鐘。

向大自然學習智慧

那谷寺森林是許多有情眾生的棲息地，猶如大自然母親，在如此的環境中生長，油然生起敬畏之心，花山法皇、前田利常都希望能讓觀音淨土——補陀落山在世間出現，他們不是要製造出一個繁華的世界，而是要營造一個周遭由美麗大自然所環抱的樸素淨土。

如今守護一千三百年法燈的那谷寺，和現代科學、環境保護運動結合，提倡「自然智」的思想，主張人類應向大自然學習智慧，在自然環境被大肆破壞的今日，守護自然，善待自然，已是不可忽視的課題。徜徉在河流、湖泊、森林之中，最能療癒人們的心靈，因為大自然就是人類及有情眾生共同生活的場域，任何人不該任意破壞。那谷寺中在多處小徑站立，手拿掃帚的「讚美小僧」雕像，鼓勵大家把垃圾帶回家，彷彿正默默提醒並實踐著這種自然智的精神。

❶ 越國是古代日本在令制國設置前所存在的一個國，領域位於現在日本北陸地方的福井縣敦賀市到山形縣庄內地方一帶，包括現在福井、石川、富山和新潟諸縣。七世紀末，日本從中國引入律令制之後，大和朝廷頒布《大寶律令》。根據該法令，越國被劃分為越前、越中、越後三個令制國。

❷ 花山法皇（九六八～一〇〇八年）為六十五代天皇，乃冷泉天皇（九四九～一〇一一年）的第一皇子，十七歲即位，但因最愛的女御（次於正宮的妃子）往生而悲傷不已，加上藤原兼家（九二九～九九〇年）的陰謀，而僅在位二年即退位出家，之後到各地巡禮佛教勝地。

❸ 一向一揆是日本淨土真宗（一向宗）本願寺派信徒所發起「一揆」的總稱；在古代日本，「一揆」近似於人民起義。

❹ 原文：「石山の石より白し秋の風」。直譯為：石山之石更白於秋風。在此譯文則融會句前之文：「奇石さまざまに、古松植ならべて……」。古代五行思想認為萬物由木、火、土、金、水五行組成。季節也可以五行表現。春為木，夏為火，秋為金，冬為水，土則為四季的過度，日本稱「土旺用事」，簡稱「土用」。五行也對五色，木為青、火為赤、土為黃、金為白、水為黑。又赤也寫為朱，黑也書作玄。人生各階段的變化可以青春、朱夏、白秋、玄冬來表現，又以青春最常用。李賀〈將發詩〉：「秋白遙遙空，日滿門前路」，日本作家北原白秋之名也是源於此五行思想。

❺ 參閱《人生》雜誌二五二期〈山石犖确行徑微——大津名剎石山寺〉，法鼓文化出版。

全昌寺

聚 散 無 常 如 庭 柳

離開山中溫泉後，
松尾芭蕉原打算與弟子河合曾良在全昌寺會合，
沒想到竟成為他們分道揚鑣之處。
不過，因俳聖的參訪，
並留下投宿時一些有趣事物的紀錄，
全昌寺因而名留青史，吸引遊客專程造訪一探究竟。

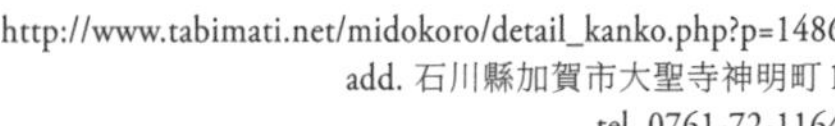

http://www.tabimati.net/midokoro/detail_kanko.php?p=1486
add. 石川縣加賀市大聖寺神明町 1
tel. 0761-72-1164

全昌寺本堂簡單素樸。（秦就攝）

全昌寺，芭蕉和弟子分道揚鑣

松尾芭蕉離開了山中溫泉後，向西北走了大約八公里，來到一處叫「大聖寺」之地。大聖寺是地名，而非一座寺院，芭蕉的目的地是南郊的曹洞宗全昌寺，他要到寺中掛單。

熊谷山全昌寺原本位於山代，一五九八年在大聖寺城主山口玄蕃頭宗永（一五四五～一六〇〇年）贊助下，移至現地，也是該城主的菩提寺。日本人所謂的菩提寺，是指一家所皈依並置有家墓的寺院。

筆者訪全昌寺時，先坐電車到大聖寺，因雨天沒什麼旅客，問了站務人員，她給我一張地圖。我依圖行走，仍舊迷路，適遇二中學生，便向他們問路，他們二話不說，直接帶我到寺院門口才離開。沒想到，我定睛看了告示看板，才知眼前的寺院並不是全昌寺，而是實性院，該寺正是大聖寺藩藩主的菩提寺。

雨中少行人，不知如何是好，覺得請教實性院的人如何前往全昌寺，好像有點不禮貌，只好又退回原路。正躊躇間，先前帶路的兩位中學生折回向我道歉，請我再隨他們走，這次看到寺門前碑石寫著「全昌寺」，他們才放心離開。雖然他們之前帶錯路，但也真是親切有心。

當年，大聖寺藩有意識地將這一帶規畫成寺社用地，於是將七寺院、一神社集中，稱為「山之下寺

全昌寺規模不大，但因俳聖松尾芭蕉曾在此掛單，而成為加賀市著名的觀光景點之一。（秦就攝）

院群」，因寺院多，也難怪學生帶錯路。後來在路旁看到地圖看板，看板右方寫著耐人尋味的句子：「雖然迷路，也請愉快散步。」由此看來，迷路的旅人可能不少。

一六八九年舊曆八月（陽曆九月下旬），松尾芭蕉行腳至此，日本北陸地區到此時節，已吹起秋風，前一天曾良也住全昌寺，並留下一俳句：

寂寥身影單
終宵秋風透骨寒
蕭蕭響後山[1]

但之後因曾良腹疾嚴重，乃先行離開芭蕉，去投靠在伊勢的親友。芭蕉躺在眾寮[2]的棉被裡，整晚聽著颯颯秋風，不禁感慨良深，因為才相隔一晚，一路陪伴跋涉的弟子業已離開，芭蕉感傷離去者的悲傷，及留下者的憾恨，有如離群野鴨，別後迷失雲端，於是寫下俳句：

今後是隻凫
拭誓願同行無住
笠上見凝露❸

所謂同行誓詞，日文寫作「書付」。在日本，兩人結伴行腳或巡禮時，常會在斗笠上書寫「乾坤無住同行二人」。

和歌、連歌或俳諧中「露」的意象，除了比喻人生無常之外，也常用來比喻淚水。此俳句意思是說，他和曾良此後各奔前程，「同行」之誓可免，將以笠上凝露（淚）拭去誓詞，可知芭蕉的悲傷、不捨。

一期一會的交流

芭蕉臥於眾寮，整夜聽著秋風，定然倍覺形單影隻，一直到天色將亮時，他聽到誦經聲，又聽到鐘板響。《奧之細道》中所指的鐘板，當是梵鐘、雲板之略，或是雲板之誤。雲板是做成雲頭形的青銅扁片，日本禪寺多掛在庫裡（寺院大寮）、五觀堂（齋堂）外，做為早課前的召集，更多時候用於膳前的召集。

芭蕉於是進到齋堂用膳，在齋堂中，全昌寺的常住也許曾問他：

全昌寺羅漢堂內供奉五百羅漢，是加賀市指定文化財，也是遊客參訪的重點。（秦就攝）

「施主今日要往何處？」芭蕉便回：「越前國（今福井縣）。」芭蕉在山中溫泉停留多日，到此寺後，好像突然想要早點完成未完的旅程，於是倉促下堂。沒想到正要出發之際，有個年輕僧眾攜紙抱硯，追到階下，那僧或許說：「先生，請留下一句紀念的詩句吧！有了先生的俳句，敝寺將留名青史。」

這時芭蕉剛好看到庭中枯柳飛散，於是即興寫下：

全昌寺中的芭蕉句碑和曾良句碑，也是兩人曾參訪本寺的證明。（秦就攝）

出寺當作務
匆別未能掃庭除
散柳鋪去路 ❹

芭蕉寫完後，將紙筆還給僧人，匆匆穿上草鞋，向全昌寺常往告假，往目的地步行而去。

依禪寺常規，掛單或借宿之僧侶、俗客，離寺前須「作務」，也就是整理臥處，灑掃庭院之類，做為在禪寺一宿的感謝之意。

原本庭中有散落的柳葉，應由他打掃乾淨，可是芭蕉行色匆匆地離開，並未作務，剛好寫了這俳句，聊表內心的歉意與謝忱。類似這樣的場景，正是《奧之細道》值得一窺之處，因為記錄了一位詩人和不少一期一會的人們相遇的情景，以及彼此溫暖的人情交流。

芭蕉在進行《奧之細道》旅行時，足跡經常踏入各地寺院，有的是專程參訪，有的則是掛單。全昌寺因芭蕉掛單而成為遊客到此參訪的誘因，本堂主供釋迦牟尼佛，並展示芭蕉木像，而芭蕉和曾良住過的房間，現恢復成可小憩的喫茶處。

此外，該寺羅漢堂是由金澤藩，以及大聖寺藩的女官、武士、町人所捐獻，完成於一八六七年，堂中供奉江戶時代末期所做、由京都佛師製作的釋迦三尊、四天王、十大弟子、五百羅漢（加賀市指定文化財），共五百一十七尊像，色彩至今鮮明；另有絹本著色釋迦三尊十羅剎女圖、太閤秀吉的朱印狀等寺寶。

除了建築，全昌寺的庭院中並建有芭蕉塚和句碑，其中，有一棵高大的柳樹，但不知是否就是當年芭蕉寫作時的那一棵？

❶ 原文：「終宵秋風聞やうらの山」。

❷ 日本禪宗寺院中，修行僧起居、自修、飲食之處。

❸ 原文：「今日よりや書付消さん笠の露」。

❹ 原文：「庭掃て出ばや寺に散柳」。

金澤妙立寺暨願念寺

結 構 精 妙 一 奇 寺

位於金澤寺町中的妙立寺，
為何寺中機關重重而有「忍者寺」的稱號？
至於擁有明治時期朝鮮鐘的願念寺，
則因芭蕉造訪，成了金澤名寺，
金澤也以「寺町寺院群之鐘」，
入選日本「音風景」百選。

妙立寺
http://www.myouryuji.or.jp/
add. 石川縣金澤市野町 1-2-12
tel. 076-241-0888

願念寺
http://www.kanazawa-kankoukyoukai.or.jp/spot_search/spot.php?sp_no=397
add. 石川縣金澤市野町 1-3-82
tel. 076-241-3359

願念寺的本堂重建於一八〇八年，是現代淨土真宗本堂形式的典型建築。（秦就攝）

金澤位於日本靠日本海的北陸地區，自古出過不少驍勇善戰，不畏強敵的英雄人物，如深信毘沙門天的名將上杉謙信（一五三〇～一五七八年）即統治過金澤；江戶時代，更由獲封高達一百萬石俸祿的「加賀百萬石」加賀藩前田家所統治。

金澤的冬天大雪紛飛，雖不利觀光，但瑞雪兆豐年，養活眾多人口，加賀藩的城下町❶就在今日的金澤，江戶時代人口即已超過十萬，是僅次於大阪、江戶、京都的日本第四大城。此區又因遠離政治中心、也遠離戰爭，至今仍存在大量戰前、江戶時代的建築，是江戶時代「町」的典型。

金澤做為加賀藩的城下町，當然也有寺町。日本所謂的寺町，即寺院集中的區域，多位於城下町的外緣。金澤寺町最著名的寺院，當屬日蓮宗、山號正久山的妙立寺。

一五八三年，藩祖前田利家入金澤城，並建立守護加賀藩的祈願所，所內供奉日蓮上人（一二二二～一二八二年）法孫日像上人（一二六九～一三四二年）所作祖師像。一六四三年，三代藩主前田利常遷出城內祈願所，最後祈願所落腳處即今妙立寺。

絕無僅有的結構布局

進妙立寺參訪的門票是一千日幣，並且嚴格控管參觀人數，但各地慕名而來的訪客仍舊不絕於途，

妙立寺原是加賀藩主前田家祈願所。（秦就攝）

全因這個寺院的內部結構太過奇特。

妙立寺興建時，幕府的命令禁止興建三層樓以上的建築，因此該寺外觀僅兩層，但內部實有四層，如果將夾層也算進去，實際更達七層，是個超級「違建」，不但如此，內部更分割成二十三個空間，連接各處的樓梯數竟高達二十九座，簡直是個迷宮。

本堂

本堂的本尊是日蓮宗特有的十界大曼荼羅——以題目「妙法蓮華經」為中心，配記十界諸菩薩名號。正面入口有任信眾隨喜奉獻的賽錢箱，但下有深達約二公尺的陷阱，未經允許進入的人，可能會中此機關墜落。

隱藏樓梯

打開本堂後方的置物門，用力掀開地板，會發現有樓梯可逃到外面。地板下很寬敞，高度甚至可容成人站立，當置物門關上時，地板會自動咬合無法打開。

陷阱樓梯

位於本堂左側樓梯的第三級，如果抽走梯板，也會變成陷阱，來人將掉入雜役房間，可能會被埋伏的僕人攻擊。

採光樓梯

本堂正門樓梯的豎板部分，貼有隔扇紙，以利採光，階梯下即沒有窗戶和燈火的僕役房間，有糊紙的樓梯間隙即房間光源，但也可從裡面觀察外人足影，以利防衛。

妙立寺本堂，堂前掛有匾額「妙法弘布」，表佛法永流傳。（秦就攝）

望樓

本堂的屋頂頂點，是一四方皆由玻璃圍繞的望樓，可以清楚眺望加賀平野，觀察遠方動靜。

謁見間．主茶室

妙立寺做為前田家的祈願所，歷代藩主均親自參訪此寺，而寺中最高規格的空間即「謁見間．主茶室」，設於三樓，乃歷代藩主專用空間，附有五疊半大名茶室。

本來建築受限不能有第三層，因此得由二樓第四層地板的隱藏樓梯進入，其外觀是壁櫥。

茶室是放鬆的地方，不能使用武器，所以高度僅一個成人站立的高度，為了不讓人感覺狹隘壓迫，天花板中央高起呈弓形，窗戶則置於較高位置，因端坐時看不到外面景色，故牆上畫有青色富士，左上格櫥內的交錯隔板則刻畫雲彩、龍、滿月等。現在茶室中展示了加賀友禪和服，原是十二到十四代的藩主夫人的衣物。

古井

茶室隔壁是準備茶湯的房間，此房窗外有二木滑輪，可以汲井水上來。古井位於妙立寺中心位置，井深約二十五公尺，井水主要用以泡茶，但據說井水面上三、四公尺處，有橫穴可通外部，因此寺內各隔間才會以此井為中心，各室均可使用繩梯從此井密道逃走，唯此密道傳說未能證實。

二樓隱藏拜殿

從前到此寺的參拜，分為藩主家每月數次固定的「公式參拜」及偶發、不定期的「非公式參拜」兩種，因當時規定身分不同的人，禁止同時禮拜，於是在本堂右上方建隱藏拜殿，可從本堂後方的細吊梯（現已固定）、走廊，進入這位於二樓八疊大小的拜殿，正面四片隔扇中有一片開著，武士可坐於上位中央的紅色大蒲團，透過開了約三十公分左右的隔扇空隙，禮拜主尊。

寺院群的防守功能

為何此寺會像一座忍者屋，如此機關重重？這得從加賀藩的處境說起。

對於擁有最高俸祿百萬石的加賀藩大名，德川幕府不得不嚴加監視，彼此常處於緊張狀態，相傳幕府內部曾有征伐加賀的計畫，於是前田利常一方面整頓金澤的街道，將寺院群遷到犀川、淺野川這兩條護城河旁，設想幕府軍在直接攻擊金澤城前，得先在寺院群遭遇防守軍，而防守的武士也能在寺院群生活，也就是說，寺院群實際上擔負了外城的作用。另一方面，前田利常為了不讓德川幕府改易封地，於是迎娶德川家之女，並以自己的母親為人質，讓幕府安心。

一六四三年，祈願所遷到寺院群之中，即現在的妙立寺，因該寺具有要塞與監視所的功能，寺中才會有仿佛迷宮般複雜、欺敵的構造，故而博得「忍者寺」之名，這名稱不是因為妙立寺出忍者，而是伽藍內部複雜的構造使然。

一八六二年，因一場火災，祖師堂藉由此次重興，將之前的後門改成前門，所以參訪此寺時的路幅變寬，來訪者可免去人群雜遝之苦。

芭蕉訪願念寺憶一笑

一出妙立寺後門，即可見到願念寺，此寺屬淨土真宗大谷派，山號木一山，創建於慶長年間（一五九六～一六一五年），一六五九年遷移到現今處。本堂於一八〇八年重建，是現代淨土真宗本堂形式的典型建築。

願念寺前的芭蕉句碑，是當時芭蕉造訪時所寫。（秦就攝）

松尾芭蕉在《奥之細道》中，提到了小杉一笑（一六五三～一六八八年）的追善法會。一笑是金澤俳壇的後起之秀，芭蕉注意到他的才能，原本打算在這趟旅程見面，沒想到他抵達金澤時，一笑已於前一年亡故，芭蕉因而慟哭。一笑之兄迎芭蕉到一笑的菩提寺願念寺，為他辦了一場追悼會，即日文所稱的「追善會」，追善即祈願亡者冥福，追慕其善德、善事、善行。

芭蕉並詠出俳句：

墓塚也振動
是我傷慟哭泣聲
散入秋風中❷

願念寺的三門，門前小徑的盡頭即妙立寺。（秦就攝）

今願念寺門前立有此芭蕉句碑，寺內則另有一笑塚，上刻一笑辭世句：「施主茶屋新七、天明七年」，因小杉家當時經營茶鋪為生。

願念寺雖是小寺，但庭院和本堂等各處雕刻精美，該寺梵鐘則是明治時期的三個朝鮮鐘❸之一。

芭蕉與金澤俳人交好

芭蕉生於以養成忍者聞名的伊賀，因此很多論述都指芭蕉《奧之細道》的行程，其實身負祕密任務。「忍」字在日文有隱藏、躲避、偷偷、悄悄的意思，莫非他到願念寺，也順道刺探了傳說中的忍者寺妙立寺，以及整個金澤寺町的格局？

不過，可以確定的是，芭蕉在金澤時，和當地俳人熱烈交流，包括立花北枝（?～一七一八年）和其兄北枝牧童（生卒不詳），於芭蕉在金澤期間一起入門，此後成為北陸俳壇的中心人物。芭蕉出金澤後，立花北枝便一路隨芭蕉走到現今的福井縣松岡町，才不捨離去。

二〇一二年底，金澤的寺町以「金澤市寺町台傳統的建造物群保存地區」之名，由日本指定為國家重要傳統建造物群保存地區，保存區內共有將近七十座寺院，又因為區域內寺院多，「寺町寺院群之鐘」獲選為日本的「音風景」百選。

❶ 是以領主居住的城堡為核心來建立的城市建築，與其他由城牆包圍整座城市的城郭，最大的不同處，是只有領主居住的城堡才有城牆保護，而百姓居住的街道則無。現在的日本，人口十萬以上的城市多是從城下町發展而來，但是由於大火與戰爭，存留至今的城下町並不多。

❷ 原文：「塚も動けわが泣く声は秋の風」。

❸ 朝鮮鐘的特徵為掛鈎是龍頭形狀，鐘上有許多浮雕圖案，例如沿邊緣和肩部的花卉、草樣等紋路。

高岡大佛

芭蕉在入金澤前先投宿於高岡，該地附近海域稱有磯海，是著名歌枕。芭蕉到訪時，正是初秋七月早稻的收割季節，留下俳句：

早稻飄芳香
撥開前進看右方
有磯海在望④

原文：「わせの香や分入右は有磯海」。高岡有著名的高岡大佛，位於富山縣高岡市大佛寺中的銅造阿彌陀如來坐像。一九〇〇年高岡發生大火，原有木造大佛燒毀。一九〇七年，在高岡銅器職人協助下，開始興建現在的大佛。一九三三年新大佛完成，並進行開眼法會。此為高岡銅器職人的技術結晶，也是高岡市代表性觀光景點，為市指定有形文化財，號稱和奈良大佛、鎌倉大佛並列為日本三大大佛。一九三三年歌人與謝野晶子訪問高岡後，評論高岡大佛「比鎌倉大佛更出色的美男」。

臺灣法鼓山世界佛教教育園區中重達二十五噸的梵鐘法華鐘，也是由高岡著名的老子製作所鑄造。

銅製高岡大佛號稱是日本三大佛之一，也是高岡製銅工藝的象徵，日本銅鐘大部分出於高岡。（秦就攝）

天龍寺
與永平寺

芭 蕉 越 前 經 行 處

天龍寺與永平寺位於古稱「越前」的福井縣，
由曹洞宗始祖道元禪師一手創建的永平寺，
也因他曾入宋學法，讓伽藍仍保有濃厚的宋代風格，
發揚「只管打坐」的禪法。

天龍寺
http://www.tenryuji.net/
add. 福井縣吉田郡永平寺町松岡春日1-64
tel. 0776-61-0471

永平寺
https://daihonzan-eiheiji.com/
add. 福井縣吉田郡永平寺町志比5-15
tel. 0776-63-3102

永平寺通用門。（秦就攝）

古稱越前的福井，江戶時代俳聖松尾芭蕉曾經造訪此地的天龍寺與永平寺，其中天龍寺原是當地藩主的菩提寺，而永平寺乃日本曹洞宗宗祖道元禪師一手創建的第一道場。

天龍寺因芭蕉造訪而聲名遠播

天龍寺是永平寺的末寺，一六五三年，松岡的初代藩主松平昌勝命建該寺，做為祖母的菩提寺，此後天龍寺歷代藩主、側室和家臣之墓，多集中在此，占地約一萬坪，是一座大寺院。

明治維新以後，因失去外護，導致該寺到一九七七年，都呈現荒蕪狀態，後來由信眾隨喜奉獻，點滴積累而得以重興僧堂（古木堂）做為禪修之用。現在因不問經驗、性別、年齡、國籍、宗教，或時間長短，均可到此禪修，因而成為知名的禪坐道場。

天龍寺得以重興的重要原因之一，是因俳聖松尾芭蕉和此寺的長老是舊識，曾於一六八九年八月十日造訪此寺，並且在此停留一宿，使此寺成為著名的文學與歷史現場。

芭蕉從石川縣的金澤出發時，同行者有俳句詩人北枝，每經一處名勝古蹟，一定搜腸苦吟寫俳句。到福井時，已進入秋季，芭蕉見扇子無用，又深感夏日逐漸遠離，加上北枝也即將揮別而百感交集，於是將離別情緒書於摺扇：

天龍寺中表現立花北枝和芭蕉分別時不捨的雕像。(秦就攝)

展扇書連歌
撕之各存未蹉跎
離情似餘波❶

寫完詩句後，芭蕉將扇子撕裂，和北枝各持其半，做為兩人情誼的見證，期待破扇有重合之日。

因有此典故，現今的天龍寺中，可見此芭蕉雕像，是為紀念芭蕉訪此三百年而建，還特別強調表現了芭蕉和北枝的分別場面。

天龍寺中另有一座芭蕉塚，但芭蕉並未葬於此處，為何會有其塚？原來在一八四四年時，值松尾芭蕉一百五十年忌，俳句同好乃在參道旁建此塚，做為緬懷。

赴宋學法的日本曹洞宗祖

芭蕉來到福井，自然也到曹洞宗大本山永平寺參訪。在《奧之細道》中，他稱道元和尚遺弘法之跡於此山陰，是經過深思遠慮的，為何這麼說？

原來日本福井縣因面向日本海，每到冬季，蒙古高氣壓會帶來大雪。一二四四年，道元禪師選擇此地創建道場，是遵師教誨。赴宋學法時，他的師父天童如淨（一一六三～一二二八年）禪師曾諄諄告誡：「汝以異域人，授之表信。歸國布化，廣利人天。莫住城邑聚落，莫近國王大臣，祈居深山幽谷，接得一個半個，勿令吾宗致斷。」

道元禪師的家世顯赫，父親是內大臣，母親是太政大臣之女，但三歲喪父，八歲喪母，使他感到人世無常。九歲讀《俱舍論》後，便有了出塵之志，十三歲到比叡山出家，十五歲前往京都建仁寺，投入榮西禪師（一一四一～一二一五年）的弟子明全門下。二十四歲渡宋，但在海上遇風浪，於是在船上端坐念誦《觀音經》，這時浪頭上出現一葉觀音妙相，風浪隨後平穩，化險為夷。

二十八歲回日本，道元禪師再入京都建仁寺。之後，他在宇治開創興聖寺，作〈普勸坐禪儀〉，教導「只管打坐」，也就是不管其他，專心一意打坐，由於方法受用，求法參集者不絕於途。

之後，禪師創建永平寺，該寺初名大佛寺，山號吉祥山，位於深山幽谷中。一三七二年，由日本後圓融天皇頒「日本曹洞第一道場」敕額，肯定該寺禪法。曹洞宗在日本流布極廣，至今，永平寺在日本約有一萬五千座末寺。

雖然道元禪師不近王公大臣，但一二四七年，他卻離開越前到鎌倉，為鎌倉幕府實際掌權者的北條氏說法，這是他唯一一次為王公大臣說法。

一二四九年，後嵯峨上皇（一二二〇～一二七二年）景仰道元禪師聲名而頒贈紫衣，是第一位獲賜紫衣的日本禪宗僧人，但禪師卻不樂受，即使再三辭退，卻未受允許。不過，終其一生，未曾穿上身，並作「永平谷雖淺，敕命重重重，卻為猿鶴笑，紫衣一老翁」一詩明志。

一二五二年秋，道元禪師罹病，對眾人的最後開示，是以《遺教經》為基礎的《正法眼藏・八大人覺》，隔年往生。第二任住持懷奘禪師在其塔邊結庵，事師之誠不異生前，同時和其他常住將道元師父的教誨結集成佛教鉅著《正法眼藏》九十五卷。

具宋代風格的永平寺伽藍

懷奘禪師曾命義介禪師入宋學習，並帶回古代禪寺建築重要文獻《五山十剎圖》，可知永平寺不管清規或建築，都具有濃厚的宋代禪門色彩。

佛殿是禪宗七堂伽藍的中心，古來禪宗將伽藍的配置比為人的身體，說頭即是法堂，心臟是佛殿，左手是庫院，右手是僧堂，腰是三門，左足是浴室，右腳是東司（淨房）。永平寺佛殿須彌壇中央奉釋迦牟尼佛，右為未來彌勒佛，左為過去阿彌陀佛的三世如來，此形式和天童山的三世如來相類，而佛殿中鋪石板也和宋代形式建築相近。

從佛殿東側的迴廊拾級而上，即可到法堂，是全數伽藍中的最高處。法堂是住持對雲水僧說法的場所，面積達三百八十疊（一疊約九十乘以一八〇公分）。在日本，一般單身上班族所住的公寓都在六疊左右，據此可知這座法堂之宏大。其天花板有八面鏡——八葉蓮華鏡，並且吊著天蓋（又稱懸蓋、華蓋），這是因印度日照強，所以使用傘蓋遮陽，後來成為佛像的莊嚴具。

永平寺的大庫院，相當於一般寺院的「庫裡」，也就是香積廚。看過道元禪師所著《典座教訓》的人，會知道大庫院不只是辦食的地方，其中還蘊含了禪宗的許多觀念。《典座教訓》的寫作緣起，即是禪師留宋時，在阿育王山遇到一位老僧，告誡他典座也是佛道修行之一。此後，道元禪師便對典座採取嚴正態度，一米一飯也不許浪費，並認為司典座職即是辦道。

另外，管理寺院的監院，俗稱「當家」，所住的監院寮入口有一面「唯務」之額，意在強調「無心唯務」、「為法不為身」的精神，以此警策自己切莫怠忽職責。

禪宗對於一山一水一草一木，主張要愛惜且抱持感恩之心，走在永平寺，便可強烈感受到這種精神的實踐。永平寺所在的加賀白山是日本三山之一，湧出的白山水味道甘美，故正門兩邊門柱上有「杓底一殘水，汲流千億人」的句子。一杓之水終將流向河川而使千萬人受惠，這是法師們在喝泉水時的感恩，也是對自己精進修行將可以度化更多人的自勉！

和祖庭天童寺相似，永平寺前也

上／永平寺佛殿。（秦就攝）

下／永平寺所在的加賀白山是日本三山之一，湧出的白山水味道甘美，門柱上有「杓底一殘水，汲流千億人」句，寓有深意。（秦就攝）

永平寺處處高木蒼翠，故趙樸初居士不禁留下：「傘松千尋，衣傳如淨；塵念永平，慧燈無盡」的詩偈。（秦就攝）

有高大巨松迎賓。據說道元禪師在一二四九年的元旦修羅漢供養會時，長松之上曾出現羅漢降臨的吉瑞，所以該松一直受到重視。但二次大戰後松木凋枯，信眾便建一「羅漢松舊蹟碑」做為紀念。再者，紀念道元禪師的承陽殿庭中，有塊坐禪石，相傳道元禪師曾在此打坐，所以特別加以保存。

在華人界享有高知名度

一直以來，永平寺在華人圈都享有高知名度，太虛大師曾參訪此寺，寫下〈永平寺即景〉：「東亞有高會，紅葉正深秋。塵海佛光普，關山客夢悠。久懷永平寺，來作釆真遊。一笑忘言說，風徽仰古獻。」

趙樸初居士的詩偈則刻在永平寺的詩碑上：「傘松千尋，衣傳如淨；塵念永平，慧燈無盡。」另外，由於天童山可謂永平寺的祖庭，永平寺也曾對天童山的重修做出莫大的奉獻。

日本曹洞宗曾來臺發展，而留下不少統治期間的遺跡。例如位在臺北市仁愛路、林森南路口的東和禪寺，原是日本曹洞宗在臺設置的別院，寺內的鐘樓在日治時代是東門一帶的重要地標，獨特的仿木造式石構鐘樓常吸引路人目光，如今成為臺北市的市定古蹟。曹洞宗在臺北成立的第一所和尚學校——「曹洞宗臺灣中學林」，則是泰北高中的前身。

松尾芭蕉走過的天龍寺與永平寺，歷經幾百年的滄海桑田，也許和他當時所見已多少有些出入，但曹洞宗對道元禪師的景仰，以及對一草一木的愛護則是至今未變。尤其永平寺面積十萬坪，群山環抱，寺中處處有高聳入雲、樹齡高達六、七百年的老杉，都是常住、信眾們養護的果實，徜徉其間，不禁興起感恩之情。

❶ 原文：「物書て扇引さく余波哉」。

氣比神宮與本隆寺

風雲不測遊敦賀

以「仲秋名月」聞名的敦賀，芭蕉為賞月而來，
造訪了氣比神宮與本隆寺，
氣比神宮因「時宗」遊行上人二世搬砂故事而聞名，
本隆寺至今仍留有芭蕉俳句碑及其杖跡。

氣比神宮
http://kehijingu.jp/
add. 福井縣敦賀市曙町 11-68
tel. 0770-22-0794

本隆寺
https://yaokami.jp/1185415/
add. 福井縣敦賀市色ケ浜31號-36
tel. 0770-26-1043

氣比神宮原本建於沼澤地上，時宗遊行上人二世發動僧尼共運砂土，填平沼澤，始有今日的外觀。（秦就攝）

一六八九年陰曆八月十四日，芭蕉投宿今日福井縣的敦賀港，隔天就是中秋節，當晚天晴月朗，他便問接待者明天是否也會如此晴朗？

接待者回說：「常言道越路❶月明夜陰晴難測。」

芭蕉心想：「對呀，誰知道明天會發生什麼事。」當下決定夜詣氣比神宮，該神宮是仲哀天皇廟，環境莊嚴肅穆，明月松間照，映現殿前白砂若霜。

接待者於是說起這片白砂地的歷史：從前是一片沼澤，遊行上人二世他阿真教（一二三七～一三一九年）在一三〇一年入越前國，因當時西方寺和氣比神宮相向，相距只約三町，卻隔了個沼澤，他見往來危險，乃與僧尼共運砂土，填平沼澤，整修參道，免去參訪者往來之勞。

松尾芭蕉聞此故事感動不已，乃動筆寫下俳句：

月明光清朗
映現遊行所搬砂
疑照秋霜上❷

遊行上人二世搬砂的故事令人感動，故時至今日，時宗本山清淨光寺法主在交替時，照例會前往敦賀灣運砂。

提倡念佛的遊行上人一遍

他阿真教既是遊行上人二世，令人好奇那麼一世是誰？遊行上人是

氣比神宮大殿入口前，立有松尾芭蕉像和句碑。（秦就攝）

日本人對時宗祖師的尊稱，時宗最早的遊行上人是鎌倉時代中期僧侶一遍上人（一二三九～一二八九年），一遍是其房號，法諱「智真」，除遊行上人，他也被尊為「捨聖」，私諡「圓照大師」，一九四○年由國家贈號「證誡大師」。

遊行上人生於伊予國（今愛媛縣），為豪族河野通廣的次子，十歲母亡，在父親的勸說下，於天台宗繼教寺出家，法名「隨緣」。一二五一年，十三歲時，隨緣到太宰府法然孫弟子聖達處學習淨土宗西山義，前後十年。為何隨緣後來會被稱為遊行上人呢？

從一二七四年開始，隨緣開始輾轉在四天王寺、高野山等各地致力修行，他是淨土行者，自創分發六字名號的念佛札，勸人念佛同往極樂。一二七六年，他轉往日本四大島最南的九州勸人念佛。一二七七年，到九州豐後國❸遇他阿，即後來的遊行上人二世，自此門人日眾。

一二七九年，一遍上人來到本州中部的信濃國❹，之後倣人稱「市聖」的平安時代僧人空也上人，開始踊念佛（也稱念佛踊），也就是跳舞念佛。為何要舞踊念佛呢？他解釋：因聽到「念佛是阿彌陀教法」，便高興得手舞足蹈罷了！

一遍上人和追隨者稱為「時眾」，在人群集中地，放上高台，設置「踊屋」，男女舞者約二十至四十個，圍成圈起舞，令圍觀者同沾法喜。一二八○年到陸奧國，經松島、平泉、常陸國和武藏國❺。一二八二年，一遍上人試圖進鎌倉被拒；一二八四年來到京都各地踊念佛；一二八六年訪四天王寺、聖德太子廟和當麻寺等；一二八七年，到播磨國、嚴島❻。從一二七九年開始，經過十四年各地行腳，一二八八年終於渡海回到故鄉伊予。一二八九年，他巡禮善通寺、曼荼羅寺❼，不久，上人示病，在訪教信❽墓的途中往生，世壽五十一。

一遍上人的念佛札原本只書「南無阿彌陀佛」，後來卻遇到一位僧人拒絕接受該札，讓他起了大煩惱，一番思索後，他的信心更加堅定，因「念佛往生」乃阿彌陀佛四十八本願之一，於是他在念佛札上追加文字：

南無阿彌陀佛
決定往生六十萬人

為什麼是六十萬人呢？這是根據他所作偈頌：「六字名號一遍法，十界依正一遍體，萬行離念一遍證，人中上上妙好華。」各句句首文字集成，以一切眾生之名，首先分發六十萬份念佛札，接著再發六十萬人，如此重複不斷，一遍一生所發出的念佛札達兩百五十萬人之譜。

不刻意立宗的「時宗」

一遍上人不住寺院，遊行諸國，

圓寂前十三天，將所持書籍中的少數捐贈給書寫山，其餘書籍全部都在誦《阿彌陀經》聲中燒毀，故教學體系現今不存，而此舉是為貫徹其「只化導一期」的信念。

一遍上人不問信不信、淨不淨，只勸進念佛，是日本佛教由貴族普及到庶民的重要契機。又因其行跡，時宗俗稱遊行宗，但他並未刻意立宗。一遍上人圓寂後，由他阿真教繼承法位，在他努力下，奠定了時宗教團的基礎，因而被尊為遊行上人二世。

被認為開祖的一遍上人，並未有立新宗派的想法，故其教團成員「時眾」之名，是根據善導大師《觀無量壽經疏》中的句子「道俗時眾等，各發無上心」而來。「時宗」之名則遲至一六三三年於《時宗藤澤遊行末寺帳》才初見。

種濱本隆寺秋瑟令人愁

八月十六日，雨霽天晴，芭蕉乘舟往面向敦賀灣的種濱（一作色濱），從海濱可眺望由兩個細長延伸的砂島相連而成的水島。芭蕉到時秋風瑟瑟，滿目蕭條，暮色寂然中看到法花寺，芭蕉師徒乃入寺飲茶休息，因感觸良深，乃寫下：

清冷寂悠悠
海陬寥落勝須磨
色濱水岸秋 [9]

法花寺原屬曹洞宗永嚴寺末

今之本隆寺原屬曹洞宗，今寺前碑石上刻《南無妙法蓮華經》經題，明顯已改屬法華宗。（秦就攝）

寺（分院），一四二六年改屬法華宗（日蓮宗），今稱本隆寺。開山堂乃圍繞日隆聖人（一三八五～一四六四年）的祈禱石而建，日隆乃法華宗本門流之祖，稱「門祖」。

芭蕉特別到種濱，顯然是受曾到種濱撿拾真赭小貝的西行法師影響，芭蕉拾貝並留下俳句：

浪間拾奇珍
小貝何物相雜混
萩花入泥塵⑩

《奥之細道》的生命深意

一六八九年，芭蕉開始《奥之細道》之旅，沿途記錄旅遊見聞，書寫俳句，此次旅行到底有何深意？有人將《奥之細道》細分為四大部分，即展開新（心）的世界、悟時光無常、和宇宙相遇，以及超越離別。⑪

一六八六年，芭蕉寫下了「蕉風開眼句」的〈古池〉句⑫，使俳句由語言遊戲，轉而成為「心世界」的展現，芭蕉從〈古池〉句到往生的八年之間，創作此類俳句，並在

本隆寺開山堂乃圍繞室町時代法華宗日隆聖人的祈禱石而建。（秦就攝）

蕉門弟子間散播開來。

《奧之細道》之旅在〈古池〉句寫出三年後啟程。他先造訪歌枕的寶庫陸奧，歌枕雖是現實存在的名勝古蹟，卻也是古代的歌人代代以和歌構築而成，是人類聯想力與想像力所創造出來的景點。芭蕉透過對歌枕的失望和幻滅，感嘆時光迅速無常。

芭蕉走完陸奧便轉往日本海岸，他在山寺察覺宇宙之閑，在羽黑山間望見漸滿之月，在最上川河口的酒田見到大海，見到沉入日本海的巨大夕陽，海成了芭蕉和宇宙連結的場域。

接著芭蕉便從宇宙之旅回歸到浮世，而浮世是充滿別離的地方，他虛構和娼女揮別（市振），和一笑永別（金澤），和曾良暫別（山中），和北枝道別（丸岡），在大垣和旅途終站的人分別。

芭蕉透過不斷地別離，覺悟對浮世的態度，那就是「輕」。輕既是芭蕉晚年的俳諧理念——由日常淺顯的題材中，重新發現其美，表現真率、平淡之味。同時也是以輕鬆、超越的生存方式面對人生。例如他原來只是要在泥中拾貝，卻意外發現有浮花浪蕊擱淺泥中，也是一種平淡中的意外，一種和光同塵的美！

❶ 越路指福井，福井為從前的越前國。

❷ 原文：「月清し遊行のもてる砂の上」。

❸ 豐後國相當於現在大分縣北部以外的大部分地區。

❹ 信濃國又稱信州，領域大約為現在的長野縣。

❺ 陸奧國領域約今日福島縣、宮城縣、岩手縣、青森縣、秋田縣東北一部分。常陸國的領域約現在茨城縣的大部分。武藏國的領域大約包含現在東京都（不含東京都的外島）及埼玉縣、神奈川縣的東北部。

❻ 播磨國領地多在今兵庫縣，嚴島在廣島縣。

❼ 二寺皆位香川縣善通寺市。

❽ 教信（七八六～八六六年）是奈良時代後期平安時代初期的僧人，是日本淨土宗、念佛信仰（稱名念佛、專修念佛）的先驅。

❾ 原句：「寂しさや須磨にかちたる浜の秋」。須磨是攝津國地名，約當現今兵庫縣神戶市須磨區。臨瀨戶內海，須磨海岸是白砂青松的名勝地，也是著名歌枕（古代和歌中歌詠過的名勝）。

❿ 原句：「浪の間や小貝にまじる萩の塵」。

⓫ 如：長谷川櫂《おくのほそ道》（東京：NHK出版，二〇一四）。

⓬ 原句：「古池や蛙飛こむ水のおと」。

大垣圓通寺與全昌寺

煙 川 蘭 若 嶂 幾 重

大垣是芭蕉奧之細道旅程的終點，
素有「水都」之稱，水門川貫穿大園市中心，
川邊的圓通寺是大垣藩戶田氏的菩提寺，
而曾是全昌寺住持的鴻雪爪與小原鐵心師徒二人，
更是扭轉了江戶幕末佛教與大垣命運的關鍵人物。

圓通寺
http://www.gifureki.com/oogaki/entuu.html
add. 岐阜縣大垣市西外側町 1-32-1
tel. 0584-78-7438

全昌寺
http://www.gifureki.com/oogaki/zensyou.html
add. 岐阜縣大垣市船町 2-21
tel. 0584-78-2983

位於水門川旁的圓通寺本堂，該寺原是大垣藩主戶田氏的菩提寺。（秦就攝）

岐阜縣的大垣看似偏鄉，卻是日本地理上的中心，不但成為松尾芭蕉《奧之細道》的終點，水門川邊的寺院，則無言訴說著大垣、甚至日本近代歷史遞嬗的軌跡。

芭蕉到大垣前，傳說曾是三井寺學僧的俳人露通（又作路通，一六四九～一七三八年）在大津（滋賀縣）初遇芭蕉而一見如故，便入蕉門，已先到敦賀（福井縣）相迎，他們結伴入美濃國，騎馬代步來到大垣。

原伴隨芭蕉進行《奧之細道》之旅的河合曾良，因在山中溫泉罹患腹疾，到伊勢長島親友家養病，此時也歸隊，另名列蕉門十哲之一的越智越人（一六五六～一七三九年），也前來會芭蕉。一行人浩浩蕩蕩，齊聚僧人如行的住處。

奧之細道旅程的完結

芭蕉承繼佛頂和尚之法[1]，故到各地常宿於佛寺，交往不少方外之士，故在大垣和露通、如行兩位僧人以俳諧會友，分外投合，其中如行在大垣俳壇和谷木因（一六四六～一七二五年）齊名。

在大垣，慕名芭蕉俳諧的舊雨新知，日夜到訪，芭蕉歡喜接待，但因旅途困頓，倦意未消，回首這趟旅程已五個月了，於是以伊勢神宮有改建遷座儀式為由，由谷木因代為安排乘船事宜，芭蕉於是搭船告別大垣，結束了《奧之細道》的旅程。

以船做為交通工具，停靠船隻的渡口碼頭，正是親友送行之處，芭蕉來到船町湊，和俳友離情依依，自然不能無句，於是寫下《奧之細道》最後一首俳句：

文蛤殼與身
二者眼見將離分
秋意送行人❷

因芭蕉的這首俳句相當著名，也使船町湊有了「蛤塚」之稱。

做為全世界最短的定型詩俳句，此句翻譯後似乎有點難解，原文作：「蛤のふたみに別行秋ぞ」，「ふた・み」不寫成漢字，是因漢字可寫成「蓋」、「身」（蓋指蛤殼，身指蛤肉），也可寫作「二見」，指二見浦。所以表面上指殼、身二者分離，但也指從大垣乘船到伊勢必經的二見浦，由於當地盛產蛤，故以假名同時指殼、身，又指二見浦，成為雙關語，確實巧妙，而殼、肉分離也暗喻人的生離死別。芭蕉由俳友送行，不忍分別，加上天氣晚來秋，於是此句也染上無常、寂寥的基調，而這也是芭蕉俳諧作品的底蘊。

一六八九年，四十六歲的芭蕉乘舟出發往伊勢而去，結束了歷時約五個月、距離約二千四百公里的《奧之細道》壯遊，而乘舟處的船町湊便成為「《奧之細道》結束之地」。谷木因的舊邸在船町湊附近，為紀念此事，以俳句立下路標，成為「《奧之細道》結束

松尾芭蕉結束奧之細道之旅後，由大垣船町湊搭船離開。（秦就攝）

地」的文學遺跡之一：

欲往南伊勢
此去桑名有十里
鄉道景旖旎❸

水門川邊的圓通寺

坐電車到《奧之細道》結束地，須先在JR大垣車站下車，沿著水門川走就不會迷路，此水門川貫流大垣市中心，當年是大垣城的護城河，原是一條運河，所以現今水門川的一部分也稱為大垣運河。江戶時代，大垣生活物資幾乎都經由這條河川運送，不只地方貨客的集散，水運也發展了產業，對市況繁榮和文化興隆貢獻很大。

大垣位於岐阜縣濃尾平野西北部，是日本列島中「正中心」的都市，眾山環繞，地下水豐富，許多自湧水噴出，成為當地人取之不竭的水源，大垣因而有「水都」之異名。

沿水門川一路往南在赤口橋右折向西，然後在八幡神社沿水路左轉向南，不久即可見圓通寺。此寺屬淨土宗，山號旭光山，從前是大垣藩戶田氏的菩提寺，原在滋賀縣的膳所，後來遷至大阪的尼崎。一六三五年，因戶田氏鐵（一五七六～一六五五年）從尼崎移封成為食祿達十萬石的大垣藩主，所以也把菩提寺遷到現地，仍稱圓通寺。外觀氣派的木造瓦葺三門，重建於天保年間（一八三〇～

一八四四年），是大垣市指定重要文化財。

越過寺院，沿水門川繼續南行，即可到從前芭蕉一行人乘船處的河港船町湊（大垣市指定史跡）。船町湊自江戶到明治時代，是連結大垣城下和伊勢的重要河港，元祿年間（一六八八～一七〇四年）還在港邊建了燈塔，成為夜間醒目的標的，即現今所見的住吉燈台（岐阜縣指定史跡），高約八公尺的燈塔，四角廡殿頂、最上部四方貼油紙，於一八八七年重建，一九六八年指定為史跡，是船町湊的地標。一八八三年，還曾開航大垣到桑名之間的蒸汽船，直到二十世紀昭和時期，因養老鐵道開通才衰退。

扭轉大垣命運的鴻雪爪師徒

從大垣車站東的愛宕神社出發到船町湊，全程約二點二公里，今稱「水門川遊步道四季之路」。船町湊周邊規畫成船町公園，是大垣賞櫻的著名地點，清澈的河水，綺麗的風光，成為遊客最佳的休憩場所，在水與綠的自然調和中，水門川默默傾訴大垣豐潤的歷史風情。

位於船町公園附近的全昌寺，是大垣第一代藩主戶田氏鐵的夫人大誓院所建。全昌寺原是兵庫縣尼崎市寺町的曹洞宗寺院，山號桃源山，當戶田氏鐵移封美濃國大垣藩後，也在此建立一同名寺院，以尼崎為本院，而大垣的全昌寺為分院，寺中有大垣藩老小原鐵

上／住吉燈台是古代的燈塔，也是大垣船町湊的地標。（秦就攝）

下／圓通寺中的六地藏，模樣可愛。（秦就攝）

心（一八一七～一八七二年）和其所敬仰的住持鴻雪爪（一八一四～一九〇四年）之墓。

鴻雪爪是江戶後期至明治初期的宗教家，原是曹洞宗僧，維新之際和木戶孝允、大久保利通等人共同奔走皇事。在明治初年廢佛毀釋的狂瀾中還俗，他鑑於維新後，發布

全昌寺內有江戶幕末到明治初期活躍於歷史舞台的鴻雪爪及小原鐵心之墓，圖為該寺三門。（秦就攝）

的宗教法令極為輕率，於擔任教部省御用掛官職及神佛大教院長、御嶽教官長等職位期間，從中斡旋，對於諸多廢佛法令的撤廢發揮了作用，也影響了當時日本的宗教政策。

和當時日本許多禪僧一樣，鴻雪爪擅長詩文，他的名字明顯源於蘇軾的〈和子由澠池懷舊〉：

人生到處知何似？
應似飛鴻踏雪泥。
泥上偶然留指爪，
鴻飛那復計東西。

鴻雪爪的在家弟子小原鐵心，則影響了幕末大垣的命運。大垣的第十一代藩主戶田氏共原本和江戶的德川幕府親近，還參加了欲消滅倒幕勢力的指標——長州藩的「第二次長州征伐」，最終以失敗收場。

一八六八年，發生鳥羽伏見之戰，大垣軍和新政府軍交戰，大垣藩被視為朝敵（藩主禁止入京），當時在新政府中的大垣藩家臣小原鐵心立刻趕回大垣，和前藩主戶田氏正說服現任藩主戶田氏共，以及藩中的佐幕派，統一藩論為尊王派，並且向新政府軍謝罪，同時又參加了新政府軍的戊辰戰爭，成為東山道軍的先鋒，鳥羽伏見之戰的相關處分因而得以解除。

明治維新後版籍奉還，戶田氏共被任命為大垣藩知事。一八七一年，施行廢藩置縣政策，大垣藩廢藩，之後先是成立大垣縣，後編入岐阜縣。一八八四年，公布華族令，戶田氏共被敘為伯爵，小原鐵心家則被敘為男爵。

可以說經由鴻雪爪師徒的奔走，不但改變了大垣的命運，也使佛教在日本可以很快地復興。

❶ 根據其角所作《芭蕉翁終焉記》，芭蕉為佛頂禪師的傳法弟子。

❷ 蛤是伊勢灣名產。二見浦，是伊勢灣名勝。白砂青松，風景優美，是伊勢神宮參拜者淨身處。

❸ 谷木因原文：「南いせくわなへ十りざいがうみち」，今有木因俳句路標，以紀念此事。

伊賀：松尾芭蕉的故鄉

義仲寺

Chapter

伊賀與膳所

伊賀：
松尾芭蕉的故鄉

臍 帶 忽 見 雙 淚 垂

伊賀，是為人熟知的忍者故鄉，
也是俳聖松尾芭蕉的出生地，
伊賀的寺町有著名的七座寺院，
在此背景成長的芭蕉，
種下日後參訪寺院與方外之士交遊的善因，
也為俳句增添幾許參透世事的體悟。

寺町
http://www.igaueno.net/?p=1600

義仲寺
https://www.biwako-visitors.jp/spot/detail/410
add. 大津市馬場1-5-12
tel. 077-523-2811

松尾芭蕉出生地附近的伊賀上野寺町，兩側全為寺院，寺院以白牆相連，是當地散步好去處。（秦就攝）

提到伊賀，喜歡看日本歷史小說、時代劇，甚或動漫的人，可能會聯想到忍者，日本動畫《火影忍者》的流行，使「忍者」這種特殊職業廣為世人所知。有一則關於忍者的有趣新聞，二〇〇六年《火影忍者》主角漩渦鳴人入選美國《新聞周刊》日文版的「全世界最受尊敬的一〇〇位日本人」，這位動畫虛構人物在外國人眼中，知名度遠高過日本首相，這也說明忍者形象深入人心。

伊賀是忍者的故鄉，除了出忍者，還出了一位知名的歷史人物——俳聖松尾芭蕉，很多傳說都指出他和忍者有關。

忍者的故鄉與信仰

忍者，是日本自飛鳥到江戶時代為止，為大名或領主，又或獨立進行諜報、破壞、滲透等工作的人或團體的名稱，有一點類似現代的情報特工與特種部隊，因行事隱密，而披著神祕的面紗，引起人們的好奇。

除了伊賀外，甲賀也出忍者，但前者更為人知。從鎌倉時代到室町時代，伊賀一直是小領主割據相爭的局面，百姓為了保護自己，便練就了一身游擊技術，加上伊賀是群山環抱的盆地，地質則是古琵琶湖粘土質土壤，不利農耕，故百姓往往在習得特殊技能後，便到各地當傭兵，忍者集團於焉形成。

騎著金豬的摩利支天菩薩善隱身，故受到日本忍者崇信。（秦就攝）

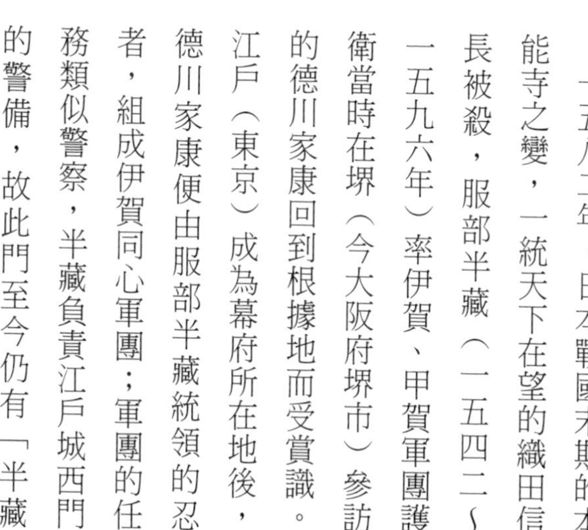

一五八二年，日本戰國末期的本能寺之變，一統天下在望的織田信長被殺，服部半藏（一五四二～一五九六年）率伊賀、甲賀軍團護衛當時在堺（今大阪府堺市）參訪的德川家康回到根據地而受賞識。江戶（東京）成為幕府所在地後，德川家康便由服部半藏統領的忍者，組成伊賀同心軍團；軍團的任務類似警察，半藏負責江戶城西門的警備，故此門至今仍有「半藏門」之稱，東京地鐵還有半藏門線、半藏門站。

忍者大多和佛教有著不解之緣，因當忍者是生死一瞬間的工作，對於人命只在呼吸之間，比一般人有更深的體悟，也使得他們更加崇信佛教，相傳忍者特別崇信摩利支天，因為摩利支天擅隱身，據說修持此密教法門的武士，也不易被發現。該菩薩造像，一般呈天女形像，座下有金豕（豬），但日本造像中也有男性形像者。

芭蕉的出生地

被尊為俳聖的松尾芭蕉出身伊賀，由於經常到日本諸國行腳，一般人不會如此頻繁穿梭各國，加上他行走速度驚人，後人根據他在《奧之細道》中的紀錄，推算他平均每天要步行數十公里，這並非江戶時代四十七歲中年男人體力所能負荷，只有忍者才會做這種超過體能極限的事。如果芭蕉不是身懷任務的忍者，何須如此行色匆匆趕赴各地？因此，一直以來都盛傳，松尾芭蕉是接受了祕密任務的忍者，不斷到各地收集情報，並回報江戶。

雖然這傳說只是臆測，並無史料支撐，弔詭的是，如果芭蕉是忍者，那麼沒有留下任何忍者的蛛絲馬跡，不正代表他是一個稱職的忍者？若他真正身分曝光，不等於他是個失敗的忍者？

芭蕉如此漂泊而迷離的人生，以及對俳句的貢獻，都吸引更多世人去研究他，其作品受到重視，歷久不衰，直至今日。

松尾芭蕉生於一六四四年，幼年時光都在伊賀市上野赤坂町度過，那裡臨近伊賀上野的寺町，現寺町仍有上行寺、妙典寺、妙昌寺、萬福寺、善福院、念佛寺、大超寺等七座寺院，坐落在閒靜小路的兩側，以白牆相連。芭蕉從小耳濡目染，和佛教結下不解之緣，喜結交方外之士，旅行途中，常宿於佛寺，或許佛寺正是令他靜心思考、安心休息之地。

他是松尾與左衛門的次子，本名松尾忠右衛門宗房，故最初以宗房為俳號，後因仰慕李白，故以桃李、青白相對，而號桃青。芭蕉從幼少時起，就對俳諧產生興趣，十

松尾芭蕉誕生地。（秦就攝）

幾歲就到以文筆享有盛名的伊賀付侍大將藤堂新七郎家工作。伊賀在江戶時代屬藤堂藩，以津為本城，伊賀上野則是支城。藤堂新七郎的嫡子良忠（一六四二～一六六六年），比芭蕉年長兩歲，兩人同是俳諧師北村季吟（一六二五～一七〇五年）的學生，沒想到芭蕉二十三歲時，藤堂良忠這位主君、文友驟逝。

松尾芭蕉辭掉藤堂家的工作之後，決定成為職業俳諧師，將在伊賀時期俳諧同儕的作品合輯成《覆貝》❶，這也是芭蕉最早的出版品，據說是在其書齋「釣月軒」完成的，芭蕉將此作品獻給上野天滿宮，發願成為出色的俳諧師。一六七二年，芭蕉二十九歲，出發至江戶。一六七八年，芭蕉如願成為「宗匠」，即所謂的職業俳諧師。

伊賀蕉門清新詩風

芭蕉到江戶後，出發到各地旅行時，有機會仍會順道回伊賀老家，並以此為據點，赴京都、奈良、大津等地和門人交流，芭蕉也曾回到舊主藤堂良忠的兒子良長的別邸舉行賞花宴，並唱和俳諧，同時在故鄉舉行的俳席也大受歡迎，逐漸形成伊賀蕉門，為保守的伊賀俳壇吹進一股清新風氣。

芭蕉覺得原本的俳諧如同語言遊戲，決定將這種文體由滑稽趣味抽離，而注入自然景物，以及庶民生活的詩情，賦予此種文體豐富餘韻，此新詩風即蕉風俳諧，因而得以提昇到與和歌相當的地位。

一六八四年，四十一歲的芭蕉和門人苗村千里（一六四八～一七一六年），在遊歷之後回到伊賀上野，並到母親墓前憑弔。一六八七年，他又回到故鄉，這次他哥哥拿出芭蕉的臍帶給他看，臍帶是生命之初和母親緊緊相連之物，芭蕉睹物思人，百感交集，時值隆冬，乃以〈歲暮〉為題，寫下俳句：

故里久別疏
臍帶忽見掩面哭
匆匆年已暮❷

日本至今，仍有許多家庭會以木盒等保存嬰兒的臍帶，盒上記載名字與出生年月日時，臺灣也有類似習俗，將嬰兒頭髮、臍帶製成胎毛筆、臍帶印。日本此一風俗各地有異，有些在母親死後，將臍帶一起放入棺木內，有些地方的習俗則是由兄弟姊妹保存臍帶，認為可以除魔，芭蕉的臍帶便是由哥哥松尾半左衛門保存。此句的季語❸是年暮，但此詩不僅是歲暮吟，且感慨歲月匆匆，自己已然白頭而入初老

之年，大有「少小離家老大回，鄉音無改鬢毛衰」之嘆。

一六八七至一六九一年，芭蕉進入為期四年的旅行時代，由於俳句取俳諧的發句（第一句）獨立欣賞，且須含有「季語」，芭蕉透過不斷旅行，讓自己的俳句中的季語，和自己的生命更緊密結合。

一六九四年，四月完成《奧之細道》素龍本❹，五月芭蕉回到故鄉，伊賀門人建草庵送他，沒想到兩個月後，芭蕉就在大阪病歿。芭蕉歿後，伊賀蕉門的服部土芳（一六五七～一七三〇年），整理芭蕉的《奧之細道》等書，完成編著《三冊子》、《蕉翁句集》、《蕉翁文集》等書。

芭蕉出生地附近的真言宗遍光山願成寺，乃松尾家菩提寺，因供奉愛染明王，故有愛染院之稱，寺中有芭蕉的髮塚，是為故鄉塚，明治時代的文豪尾崎紅葉（一八六八～一九〇三年）等曾至此憑弔。

俳聖殿與芭蕉祭

一九四二年，為紀念芭蕉誕生三百年，乃建俳聖殿於伊賀上野公園中，由著名的日本建築大師伊東忠太（一八六七～一九五四年）設計，他曾設計臺北圓山臺灣神社（現為臺北圓山飯店），以及東京築地本願寺等建築。該殿最大特色是建築外觀表現了芭蕉旅姿：上層的圓形屋頂代表芭蕉旅行時所戴的斗笠，木額「俳聖殿」代表俳聖的

伊賀上野公園中的俳聖殿。（秦就攝）

容顏，下層為八角形代表芭蕉所穿簑衣，支撐建築的柱子代表手杖。

俳聖殿是日本唯一以芭蕉的形象做為外觀的建築，所以儘管建築本身歷史並不悠久，二〇一〇年仍被指定為日本國重要文化財，足見日本人對芭蕉的尊崇。除了俳聖殿，伊賀上野中，還有保存其文物的芭蕉紀念館。

芭蕉往生後，從第二年開始，伊賀上野每年都舉行「時雨忌」，以追懷芭蕉遺德。一九四七年，為彰顯芭蕉對確立「俳諧」的貢獻，「時雨忌」改名「芭蕉祭」，這一活動已成為伊賀秋天的風物詩。

❶ 俳諧發句的合輯，一六七三年刊。書名來源自古來日本女子的「覆貝」遊戲。在《奧之細道》大垣的文中，提到二見浦的文蛤，即可作覆貝遊戲玩。覆貝玩法有二：一是分左右兩組，各出珍奇貝殼，互比優劣以定勝負。二是將三百六十片貝殼分地貝與出貝兩組，擺出所有地貝，然後以出貝與地貝一一配對成雙，配對多者為勝。

❷ 原文：「古里や　臍のをに泣　としのくれ」，《笈の小文》所收。

❸ 季語是在連歌、俳諧、俳句等，用來表達特定季節的詞彙，例如「雪」表示冬、「月」是秋、「花」為春等等。

❹ 素龍本指的是柏木素龍（？～一七一六年）受芭蕉之託，繕寫《奧之細道》原稿。

義仲寺

義仲寺位於滋賀縣大津市，是天台宗系的單立寺院。山號朝日山，主尊為聖觀音菩薩，全境指定為國史跡。

關於此寺的創建雖不詳，但傳説源義仲（木曾義仲）死後，愛妾巴御前於墓旁結草庵，自稱「我乃無名女性」，日日為義仲祈求冥福。故此寺別名巴寺、無名庵、木曾塚、木曾寺。江戶時代屬園城寺。松尾芭蕉甚喜愛此寺與琵琶湖湖南的人們，經常到此停留，並在無名庵舉行句會。

芭蕉在大坂生病，作〈病中吟〉：

羈旅身罹病
夢見人現枯野中
飄蕩任西東

此句收於松尾芭蕉《笈日記》的〈病中吟〉，應是他一生最後的俳句。原文：「旅に病で夢は枯野をかけ廻る」。芭蕉往生前，希望將他遺體運木曾塚，故後來他便葬於義仲墓旁。今義仲寺有本堂朝日堂外，另有祀芭蕉的翁堂，並保留芭蕉曾住過的無名庵等。

義仲寺中的芭蕉塚。（秦就攝）

琉璃文學 36

禪味細道——日本東北、北陸祕境佛寺之旅

Visiting Buddhist Temples in the
Tōhoku and Hokuriku Regions of Japan:
A Journey of Chan Inspired by Oku no Hosomichi

著者	秦就
攝影	秦就、陳玉紹
出版	法鼓文化
總監	釋果賢
總編輯	陳重光
編輯	李金瑛
美術設計	化外設計
地址	臺北市北投區公館路186號5樓
電話	(02)2893-4646
傳真	(02)2896-0731
網址	http://www.ddc.com.tw
E-mail	market@ddc.com.tw
讀者服務專線	(02)2896-1600
初版一刷	2018年6月
建議售價	新臺幣320元
郵撥帳號	50013371
戶名	財團法人法鼓山文教基金會—法鼓文化
北美經銷處	紐約東初禪寺 Chan Meditation Center (New York, USA) Tel: (718)592-6593 Fax: (718)592-0717

法鼓文化

國家圖書館出版品預行編目資料

禪味細道 : 日本東北、北陸祕境佛寺之旅 / 秦就
著. -- 初版. -- 臺北市 : 法鼓文化, 2018. 06
面 ; 公分
ISBN 978-957-598-783-1(平裝)

1.寺院 2.旅遊 3.日本

227.31 107005608